Boris Vian

Vercoquin et le plancton

Gallimard

En plein cœur de la guerre, la jeunesse crie sa volonté de vivre et de s'amuser. Les « zazous » et leurs amies s'adonnent avec fureur au « swing » et au « jitterbug ». Cette gymnastique folle met une barrière entre les jeunes et les vieux mais aussi entre les dingues et les dignes, ceux qui ont des idées et ceux qui n'ont que des mots.

Le roman se situe entre deux surprises-parties. Dans la première, le Major tombe amoureux de Zizanie. Dans la seconde, il se fiance avec Zizanie. La fête, devenue bacchanale, est tellement réussie que la maison saute avec tous ses habitants, c'est-à-dire ceux qui s'amusent et les voisins qui ne peuvent pas dormir.

Entre les deux événements il y a toute la stratégie mise en œuvre par le Major pour obtenir de l'oncle et tuteur de Zizanie la main de celle-ci.

L'oncle et tuteur dirige une formidable entreprise qui fabrique des dossiers d'information sur tout ce qui existe. C'est un travail colossal et parfaitement inutile dont on essaie vainement, en haut lieu, d'endiguer l'expansion aussi envahissante qu'un raz de marée.

L'officine emploie un personnel discipliné et compétent qui sait utiliser les moindres éclipses du patron à des fins aussi justifiées que le flirt, le jeu de dames, la musique de jazz, etc.

A travers l'oncle-tuteur-directeur, Boris Vian se moque avec une insolence tout à fait réjouissante des tenants de l'autorité à la fois ronds-de-cuir et adjudants, égoïstes, tatillons, esclavagistes.

La caricature n'épargne rien. Il vise aussi les technocrates solennels, consommateurs de formules vides et de règlements. Avec une bande d'amis, il célèbre les joies de l'amitié, de l'amour et de la jeunesse et s'amuse sans contrainte des fâcheux qui entravent la liberté. Sous ce titre énigmatique et zoologique Vercoquin et le plancton *se cache une farce dans la meilleure tradition de Rabelais.*

Lorsque Boris Vian écrit ce premier roman, en partie autobiographique, il a vingt-trois ans. Il est né en 1920 à Ville-d'Avray. A douze ans, il crée un orchestre avec ses frères et François (fils de Jean) Rostand. A dix-huit ans, il se passionne pour le jazz et apprend à jouer de la trompette. En 1939, il entre à l'École des Arts et Manufactures (École Centrale). En 1943, il est ingénieur à l'A.F.N.O.R. Il joue dans l'ensemble de jazz de Claude Abadie. Il écrit Vercoquin et le plancton *où l'on trouvera aisément une transposition amusante de ses déboires à l'A.F.N.O.R. Après la Libération, il collabore aux* Temps Modernes*, à* Combat *et à* Jazz-Hot*. Il est l'ami de Sartre, Simone de Beauvoir, Camus, Merleau-Ponty, Queneau.*

En 1946, sous le nom de Vernon Sullivan, il publie une pseudotraduction de l'américain J'irai cracher sur vos tombes*. Le scandale égale le succès. Boris Vian abandonne son métier d'ingénieur. Romancier, critique musical, traducteur, auteur de chansons (entre autres pour Henri Salvador, Brigitte Bardot), il est le « roi » de Saint-Germain-des-Prés. Satrape du Collège de Pataphysique, Chansonnier aux Trois-Baudets, directeur artistique chez Philips puis chez Barclay, Boris Vian vit jusqu'à l'extrême limite de ses forces malgré une maladie de cœur qui le traque depuis l'enfance. Il meurt à trente-neuf ans à l'avant-première du film* J'irai cracher sur vos tombes.

« Je n'atteindrai pas les quarante ans », avait-il toujours dit.

À JEAN ROSTAND

avec mes excuses

Quand on a passé sa jeunesse à ramasser des mégots aux Deux-Magots, à laver des verres dans une arrière-boutique sombre et crasseuse, à se couvrir, en hiver, de vieux journaux pour se réchauffer sur le banc glacé qui vous tient lieu tout à la fois de chambre à coucher, de demeure et de lit, quand on s'est vu conduit au poste par deux gendarmes pour avoir volé un pain chez le boulanger (ne sachant point encore qu'il est beaucoup plus aisé de le dérober au filet de la matrone qui revient du marché); quand on a vécu au jour le jour trois cent soixante-cinq fois et un quart par an, tel l'oiseau-mouche sur la branche de micocoulier, en un mot quand on s'est nourri de plancton, on a des titres au nom d'écrivain réaliste, et les gens qui vous lisent pensent en eux-mêmes : cet homme a vécu ce qu'il raconte, a ressenti ce qu'il dépeint. Ils pensent quelquefois d'autres choses, ou rien du tout, mais je n'en ai pas besoin pour la suite.

Mais j'ai toujours dormi dans un bon lit, je n'aime pas fumer, le plancton ne me tente point, et si j'avais volé quelque chose, ce serait de la viande. Or, les bouchers, de naturel plus sanguin que les boulangers (dont le sang se rapproche plutôt du boudin), ne vous mènent pas au poste pour un malheureux bifteck de déchets — qui n'existent pas chez le mitron — mais se paient bien plutôt sur votre personne à larges coups de botte par le travers des reins.

De plus, cette œuvre magistrale — j'entends : Vercoquin et cætera n'est pas un roman réaliste, en ce sens que tout ce que l'on y raconte s'est réellement produit. En pourrait-on dire autant des romans de Zola?

Par conséquent, cette préface est absolument inutile, et, par là même, atteint bien le but visé.

Boris Vian.

PREMIÈRE PARTIE

Swing chez le Major

Comme il voulait faire les choses correctement, le Major décida que ses aventures commenceraient cette fois à la minute précise où il rencontrerait Zizanie.

Il faisait un temps splendide. Le jardin se hérissait de fleurs fraîchement écloses, dont les coquilles formaient, sur les allées, un tapis craquant aux pieds. Un gigantesque gratte-menu des tropiques couvrait de son ombre épaisse l'angle formé par la rencontre des murs sud et nord du parc somptueux qui entourait la demeure — l'une des multiples demeures — du Major. C'est dans cette atmosphère intime, au chant du coucou séculier, que, le matin même, Antioche Tambretambre, le bras droit du Major, avait installé le banc de bois d'arbouse de vache peint en vert que l'on utilisait en ces sortes d'occasions. De quelle occasion s'agissait-il? Voilà le temps de le dire : on était au mois de février, en pleine canicule, et le Major allait avoir vingt et un ans. Alors, il donnait une surprise-party dans sa maison de Ville d'Avrille.

C'est sur Antioche que reposait l'entière responsabilité de l'organisation de la fête. Il avait une grande
habitude de ce genre de divertissement, ce qui, joint
à un entraînement remarquable à consommer sans
dommage des hectolitres de boissons fermentées, le
désignait mieux que quiconque pour préparer la surprise-party. La maison du Major se prêtait parfaitement aux desseins d'Antioche, qui voulait donner à
sa petite fête un éclat éblouissant. Antioche avait
tout prévu. Un pick-up à quatorze lampes, dont deux
à acétylène en cas de panne de courant, trônait,
installé par ses soins, dans le grand salon du Major,
richement décoré de sculptures sur glandes endocrines
que le professeur Marcadet-Balagny, le célèbre interne
du Lycée Condorcet, faisait exécuter à l'Infirmerie
Spéciale du Dépôt à l'intention expresse des deux
compères. Il ne restait dans la vaste pièce, aménagée
pour la circonstance, que quelques divans recouverts
de peaux de narvik lustré qui jetaient des reflets
roses sous les rayons du soleil, déjà très chaud. On
y voyait en outre deux tables surchargées de frian-
dises : pyramides de gâteaux, cylindres de phono-
graphes, cubes de glace, triangles de francs-maçons,
carrés magiques, hautes sphères politiques, cônes,
riz, etc. Des bouteilles de nansouk tunisien voisinaient
avec des flacons de toqué, du gin Funèbre Fils (du

Tréport), du whisky Lapupacé, du vin Ordener, du vermouth de Thuringe, et tant de boissons délicates que l'on avait de la peine à s'y reconnaître. Des verres de cristal basané disposés en rangs serrés devant les bouteilles étaient prêts à recevoir les mixtures astringentes qu'Antioche se préparait à composer. Des fleurs garnissaient les lustres et leurs senteurs pénétrantes faisaient presque tourner de l'œil, tant on était saisi par leur fragrance imprévue. Choix d'Antioche, toujours. Enfin des disques, en hautes piles moirées à la surface de reflets symétriques et triangulaires, attendaient, pleins d'indifférence, le moment où, leur déchirant l'épiderme de sa caresse aiguë, l'aiguille du pick-up arracherait à leur âme spiralée la clameur emprisonnée tout au fond de son sillon noir.

Il y avait en particulier *Chant of the Booster*, de Mildiou Kennington, et *Garg arises often down South*, par Krüger et ses Boërs...

CHAPITRE III

La maison était située tout auprès du Parc de Saint-Cloud, à deux cents mètres de la gare de Ville d'Avrille, au numéro trente et un de la rue Pradier.

Une glycine à 30° chimiquement pure ombrageait le porche majestueux prolongé par une volée de deux marches donnant accès au grand salon du Major. Pour arriver au porche lui-même, il fallait monter douze marches de pierre naturelle étroitement imbriquées les unes dans les autres et formant ainsi, par cet artifice ingénieux, un escalier. Le parc, d'une superficie de dix hectares (décrit partiellement au premier chapitre), était peuplé d'essences variées, voire, en de certains points, de carburant national. Des lapins sauvages rôdaient à toute heure sur les pelouses, cherchant des vers de terre dont ces animaux sont particulièrement friands. Leurs longues queues traînaient derrière eux, produisant ce crissement caractéristique dont les explorateurs se sont plu à reconnaître la parfaite innocuité.

Un mackintosh apprivoisé, portant un collier de cuir rouge clouté d'albâtre, se promenait dans les allées d'un air mélancolique, regrettant ses collines natales où poussait le bagpiper.

Le soleil posait sur toutes choses son clair regard d'ambre bouilli et la nature en fête riait de toutes ses dents du midi, dont trois sur quatre étaient aurifiées.

CHAPITRE IV

Puisque le Major n'a pas encore rencontré Zizanie, ses aventures n'ont pas encore commencé non plus et, par conséquent, il ne peut pas encore entrer en scène. Aussi, nous nous transporterons maintenant à la gare de Ville d'Avrille, à la minute où le train de Paris déboucha du tunnel ombreux destiné à protéger de la pluie une partie de la voie ferrée qui relie Ville d'Avrille à Saint-Cloud.

Bien avant l'arrêt complet du train, une foule compacte se mit à ruisseler des portières à fermeture automatique dont les habitués de la gare Saint-Lazare s'enorgueillissaient fort — bien qu'ils n'y fussent absolument pour rien — jusqu'à la mise en service, sur les lignes de Montparnasse, de ces voitures dites inoxydables qui cumulent les portières automatiques et les marchepieds se relevant (ou s'abaissant à volonté), ce qui n'est pas du jeu.

Cette foule compacte commença de s'écouler par saccades à l'unique portillon, gardé par Pustoc et sa tignasse rousse. Cette foule compacte comportait un grand nombre de jeunes gens des deux sexes qui joignaient à un manque total de personnalité une liberté d'allures telle que l'homme du portillon leur dit : « Pour aller chez le Major, vous traversez la passerelle, vous prenez la rue en face la gare, puis la première à droite, la première à gauche et vous y êtes. » « Merci », dirent les jeunes gens, qui étaient munis de complets très longs et de compagnes très blondes. Il y en avait une trentaine. D'autres arriveraient par le prochain train. D'autres arriveraient en auto. Tous allaient chez le Major.

Ils montèrent l'avenue Gambetta à pas lents, en braillant comme des Parisiens à la campagne. Ils ne pouvaient pas voir du lilas sans crier : « Oh! du lilas. » C'était inutile. Mais cela faisait voir aux filles qu'ils connaissaient la botanique.

Ils arrivèrent au trente et un de la rue Pradier. Antioche avait pris soin de laisser la grille ouverte.

Ils entrèrent dans le beau parc du Major. Le Major n'était pas là, puisque Zizanie devait arriver en auto. Ils taquinèrent le mackintosh, qui fit : « Pssh » et s'en alla. Ils gravirent les marches du perron et entrèrent dans le salon. Alors Antioche déchaîna les vertiges harmoniques du pick-up et la surprise-party ou prétendue telle commença.

A ce moment, une auto ronfla à la grille, entra dans le parc, monta l'allée gauche, vira pour venir s'arrêter devant le perron, s'arrêta effectivement et repartit en arrière parce que le conducteur avait oublié de serrer les freins, repartit en avant, s'arrêta devant le perron, et resta arrêtée.

Une jeune fille en descendit. C'était Zizanie de La Houspignole. Et derrière elle venait Fromental de Vercoquin.

Alors il se fit un grand silence et le Major apparut en haut du perron.

Il dit : « Bonjour »... et on voyait qu'il était frappé.

CHAPITRE II

(C'est seulement le chapitre II puisque les aventures du Major ont commencé au chapitre précédent avec l'arrivée de Zizanie.)

Donc, frappé, le Major descendit quelques marches, serra la main des deux arrivants et les introduisit dans le grand salon garni de couples qui s'ébrouaient au son de *Keep my wife until I come back to my old country home in the beautiful pines, down the Mississipi river that runs across the screen with Ida Lupino,* le dernier air à la mode. C'était un blouze de onze mesures pointées où le compositeur avait habilement introduit quelques passages de valse swing. Un disque de début de surprise-party, pas trop lent, entraînant, faisant suffisamment de bruit pour couvrir les rumeurs de conversations et de pieds agités.

Le Major, ignorant brusquement la présence de Fromental, saisit Zizanie par la taille, à deux mains, et lui dit : « Vous dansez avec moi? » Elle répondit : « Mais oui... » Et il lui glissa sa main droite près du cou, pendant que, de sa senestre, il pressait les doigts de l'enfant blonde, posés sur son épaule musculeuse.

Le Major avait une façon assez personnelle de danser, un peu déroutante au premier abord, mais à laquelle on s'accoutumait assez vite. De temps à autre, s'arrêtant sur le pied droit, il levait la jambe gauche de façon que le fémur fasse avec le corps, tenu vertical, un angle de 90°. Le tibia restait parallèle au corps, puis s'en écartait légèrement dans un mouvement spasmodique, le pied demeurant parfaitement horizontal pendant ce temps. Le tibia redevenu vertical, le Major abaissait son fémur, puis continuait comme si de rien n'était. Il évitait les trop grands pas, qui sont fatigants, et restait toujours sensiblement à la même place, un sourire béat aux lèvres.

Cependant son esprit actif lui suggérait une originale entrée en matière.

— Vous aimez danser, mademoiselle?

— Oh! oui, répondit Zizanie.

— Et vous dansez souvent?

— Euh... Oui, répondit Zizanie.

— Qu'est-ce que vous préférez? Le swing?

— Ah! oui, répondit Zizanie.

— Il y a longtemps que vous dansez le swing?

— Mais... Oui, répondit Zizanie avec étonnement. Cette question lui semblait superflue.

— Ne croyez pas une minute, continua le Major, que je vous demande ça parce que je trouve que vous dansez mal. Ce serait certainement faux. Vous dansez comme quelqu'un qui a l'habitude de danser souvent. Mais cela pourrait être un don, et vous pourriez ne danser que depuis très peu de temps...

Il rit bêtement. Zizanie rit aussi.

— En somme, poursuivit-il, vous dansez souvent?

— Oui, répondit Zizanie avec conviction.

A ce moment, le disque s'arrêta et Antioche se dirigea vers l'instrument pour écarter les gêneurs. Le pick-up était automatique et personne n'avait besoin de s'en approcher. Mais une certaine Janine assez dangereuse pour les disques était là, et Antioche voulait éviter toute complication.

Cependant, le Major dit :

— Merci, mademoiselle, et resta là.

Alors Zizanie dit :

— Merci, monsieur, et s'écarta légèrement, cherchant quelqu'un des yeux. Alors Fromental de Vercoquin surgit et s'empara de Zizanie. A ce moment précis retentissaient les premières mesures de *Until my green rabbit eats his soup like a gentleman,* et le Major fut mordu au cœur par l'aiguillon d'une puce qui se trouvait coincée entre sa chemise et son épiderme.

Et Fromental, qui, malgré les apparences, et bien qu'il l'eût amenée dans sa voiture, connaissait assez peu Zizanie, rencontrée huit jours auparavant chez des amis communs, se mit en devoir de lui faire la conversation pendant cette danse.

— Vous n'êtes jamais venue chez le Major?

— Oh! non, répondit Zizanie.

— On ne s'y embête pas, dit Fromental.

— Non... répondit Zizanie.

— Vous n'aviez jamais vu le Major?

— Mais non, dit Zizanie.

— Vous vous rappelez le type que nous avons vu la semaine dernière chez les Popeye? Le grand, avec des cheveux châtains ondulés... Vous savez bien? C'est un habitué... Vous voyez?

— Non... dit Zizanie.

— Vous n'aimez pas les valses? dit-il pour changer de sujet.

— Non, dit Zizanie avec conviction.

— Ne croyez pas, dit Fromental, que je vous demande ça parce que je trouve que vous dansez mal le swing. Je trouve au contraire que vous dansez merveilleusement. Vous avez une façon de suivre... c'est « au poil ». On jurerait que vous avez pris des leçons avec des professionnels.

— Non... répondit Zizanie.

— Il n'y a pas longtemps que vous dansez, en somme?

— Non... répondit Zizanie.

— C'est dommage... reprit Fromental; et pourtant, vos parents vous laissent sortir facilement?

— Non, répondit Zizanie.

Leur danse prit fin avec le disque. Elle avait duré un peu plus longtemps qu'avec le Major parce que, quand celui-ci avait entraîné la belle dans son orbite, l'air précédent était déjà commencé.

Fromental dit :

— Merci, mademoiselle, et Zizanie dit :

— Merci, monsieur; puis Antioche qui passait par là et qui avait des façons familières, glissa sans façon son bras autour de la taille de la donzelle et l'entraîna vers le bar.

— Vous vous appelez Zizanie? dit-il.

— Oui, et vous?

— Antioche, répondit Antioche qui, en fait, s'appelait Antioche, c'était indéniable.

— C'est drôle, Antioche... Eh bien! Antioche, abreuvez-moi.

— Qu'est-ce que vous voulez boire? demanda Antioche. Du vitriol ou du cyanure?

— Un mélange, répondit Zizanie. Je m'en rapporte à vous.

Le Major regardait Antioche d'un air sombre pendant que le troisième disque, *Toddlin' with some skeletons*, égrenait ses arpèges liminaires.

— Comment trouvez-vous le Major? demanda Antioche.

— Très sympa... répondit Zizanie.

— Et votre ami Fromental, dit Antioche, qu'est-ce qu'il fait?

— Je ne sais pas, dit Zizanie, il est idiot. Il n'a aucune conversation. Mais depuis huit jours, il me barbe sous prétexte que ses parents connaissent les miens.

22

— Ah? dit Antioche. Tenez... buvez-moi ça, blonde enfant. Et n'ayez pas peur, y a du rab.

— Vrai?

Elle but. Et ses yeux se mirent à briller.

— C'est drôlement bon... Vous, vous êtes un type à la hauteur.

— Je veux! acquiesça Antioche, qui avait un mètre quatre-vingt-cinq, pas moins, et toutes ses dents.

— Vous dansez avec moi? demanda Zizanie, coquette.

Antioche, qui avait remarqué la forme commode de sa robe, dont le corsage était constitué par un drapé assez lâche venant se nouer sur les reins après avoir effectué un croisement au niveau des seins, l'entraîna vers le milieu de la salle.

Le Major, l'air absent, dansait avec une grosse brune qui sentait sûrement des aisselles et dansait les jambes écartées. Probablement pour que cela sèche plus vite.

Antioche engagea la conversation.

— N'avez-vous jamais pensé, dit-il, que c'est une chose commode de posséder un permis de conduire?

— Si, dit Zizanie. D'ailleurs, j'ai le mien depuis quinze jours.

— Ah! ah! dit Antioche. Quand me donnerez-vous des leçons?

— Mais... quand vous voudrez, cher ami.

— Et quel est votre avis sincère sur les escargots?

— Très bon! dit-elle. Avec du vin blanc dans les narines.

— Donc, dit Antioche, vous me donnerez une leçon la semaine prochaine.

— Vous n'avez pas de permis? dit Zizanie.

— Si! mais qu'est-ce que ça peut faire?

— Vous, vous vous moquez de moi.

— Ma chère, dit Antioche, je ne me le permettrais pas.

Il la serra contre lui un peu plus étroitement et, somme toute, elle se laissa faire. Mais il relâcha rapidement son étreinte car elle laissait aller sa joue contre celle d'Antioche et celui-ci avait l'impression très nette que son slip ne tiendrait pas le coup.

Derechef, la musique s'arrêta et Antioche réussit à sauver les apparences en engageant discrètement la main droite dans la poche de son pantalon. Profitant de ce que Zizanie avait retrouvé une amie, il rejoignit le Major dans un coin.

— Salaud, dit le Major. Tu me la fauches!

— Elle n'est pas vilaine!... répondit Antioche. Tu avais des intentions?

— Je l'aime! dit le Major.

CHAPITRE III

Antioche eut l'air songeur.

— Écoute, dit-il, je n'ai pas l'intention de te laisser faire des bêtises. Je vais m'en occuper un peu aujourd'hui et puis je te dirai si c'est pour toi.

— Tu es vraiment un bon ami, dit le Major.

La surprise-party commençait bien. Phénomène normal lorsque tous les invités arrivent à peu près en même temps. Dans le cas contraire, il n'y a, pendant les deux premières heures, que les tordus sans intérêt, qui arrivent toujours les premiers en apportant des gâteaux faits à la maison, complètement ratés, mais excellents quand même.

Le Major n'aimait pas ce genre de gâteaux, aussi, ses surprises-parties étaient-elles truquées, en ce sens qu'il fournissait le liquide et le solide. Cela lui donnait une certaine indépendance vis-à-vis de ses invités.

DIGRESSION

Il est fort déprimant de se trouver par mégarde dans une surprise-party qui prend un faux départ.

Car le maître — ou la maîtresse — de maison reste dans la salle vide, avec deux ou trois amis en avance, sans la moindre jolie fille car une jolie fille est toujours en retard.

C'est le moment choisi par son jeune frère pour des exhibitions aventurées — tout à l'heure, il n'osera plus. Et surtout, on l'aura bouclé.

Et l'on regarde ces deux ou trois malheureux

prendre des poses plastiques dans la pièce au parquet fraîchement ciré, imitant un tel ou un tel — mais ceux-là savent réellement danser.

Eux non plus n'oseront plus, tout à l'heure...

Imaginez-vous alors que vous êtes arrivé moins tôt. Quand la fête bat son plein.

Vous entrez. Les bons compaings vous tapent dans le dos. Ceux dont vous n'avez pas envie de serrer la main dansent déjà — toujours ils dansent, et c'est pourquoi vous n'êtes pas entièrement d'accord avec eux — et d'un seul coup d'œil, vous voyez s'il y a quelques filles disponibles. (Une fille est disponible quand elle est jolie.) S'il y en a, tout va bien : c'est encore le début de la surprise-party, elles n'ont été ni très invitées ni très dangereusement exploitées, car les garçons qui sont venus seuls — par timidité pour la plus grande partie — n'ont pas assez bu pour avoir de l'audace.

Or vous n'avez pas besoin de boire pour avoir de l'audace, aussi, vous venez toujours seul.

Ne cherchez pas à faire de l'esprit. Elles ne comprennent jamais. Celles qui comprennent sont déjà mariées.

Faites-la boire avec vous. C'est tout.

Vous avez alors l'occasion de déployer des prodiges de rouerie pour trouver une bouteille de quelque chose.

(Vous la prenez simplement dans la cachette que vous venez d'indiquer à quelque nouvel arrivant, pas très à la page.)

Cachez-la dans votre pantalon. Seul, le goulot dépasse la ceinture. Revenez vers votre proie. Adoptez un air anodin, avec une touche de mystère. Prenez-la

par le bras, par la taille même, et dites-lui tout bas :
« A vous de trouver un verre, un seul suffit pour nous
deux, je me suis défendu... Chut... »

Puis vous vous infiltrez dans la chambre voisine.
Elle ferme à clef? Tiens! Quel hasard! A l'intérieur,
l'Amiral. C'est un copain. Bien sûr, il n'est pas seul.
Vous tape sur le panneau, trois petits coups et un
gros, ou sept moyens coups et deux petits, suivant le
traité conclu avec l'Amiral. Sitôt entré, refermez
vite la porte à clef et ne lorgnez pas trop du côté de
l'Amiral, qui se remet en ligne de bataille. Il ne s'occupe pas de vous, absorbé par la délicate manœuvre
qui consiste à insinuer sa main dans l'entrebâillement
latéral de la jupe de sa partenaire, fille intelligente
et habillée intelligemment. Sortez votre bouteille, qui
vous fait froid, sans précaution stuperfétatoire, car
l'Amiral a la sienne. Restez près de la porte, pour
l'entendre frapper quand elle reviendra...

Et elle ne revient pas...

Pour vous remettre de ce choc, débouchez la bouteille. Buvez un bon coup au goulot. Attention! Pas
plus de la moitié! Il reste peut-être un espoir...

Toc! Toc! On frappe à la porte...

— VOUS (*brutalement, pour lui apprendre*). — Vous
n'auriez pas pu vous dépêcher un peu?

— ELLE (*faussement surprise et assez satisfaite*).
— Mais comme vous êtes méchant!

— VOUS (*l'attirant légèrement par la taille*). — Mais
non, je ne suis pas méchant... vous le savez bien...

— ELLE (*faisant semblant de se dégager, ce qui vous
permet de vérifier négligemment le sein droit*). —
Allons, allons soyez sage...

27

— VOUS *(toujours le sein droit, en pensant osten-siblement à autre chose, et très dégagé).* — Vous avez le verre?

— ELLE *(exhibant triomphalement un dé à coudre).* — Mais oui, le voilà!

(Elle continue.) Vous comprenez, Jacques m'a invitée à danser, je ne pouvais pas refuser...

— VOUS *(l'air grognon).* — Qui c'est ça, Jacques?

— ELLE. Mais c'est Jacques! C'est lui qui m'a ame-née dans sa voiture!

— VOUS. Ah! ce crétin avec les cheveux filasse?

— ELLE. D'abord, il est très gentil; ensuite, il n'a pas les cheveux filasse...

— VOUS. En somme, vous aimez les cheveux filasse...

— ELLE *(coquette, en riant).* — Mais oui!

— VOUS *(vexé, car vous êtes brun).* — Chacun son goût...

— ELLE. Ne soyez pas bête...

(Elle rit et se rapproche légèrement de vous, en posant sa main droite sur votre biceps gauche, le bras replié. Vous passez votre bras droit autour d'elle et vous serrez un peu, et dites :)

— Mais vous ne buvez pas?

— Mais vous ne m'avez rien donné, voyons.

Vous versez alors de la main gauche libre, vous buvez ensemble, et vous en mettez plein votre cravate. Vous n'avez pas de mouchoir. Dégoûté, vous vous asseyez sur le seul siège libre (l'Amiral occupe la quasi-totalité du divan). Debout devant vous, elle essuie votre cravate avec son mouchoir.

— C'est plus commode, vous êtes si grand...

Elle se tourne un peu pour vous présenter le flanc

gauche et une très légère poussée suffit à la faire choir sur votre genou droit.

Le reste dépend de votre inspiration du moment.

A la fin, elle vous fait une description saisissante du genre de garçons qu'elle aime, après vous avoir regardé les yeux pour ne pas dire bruns si les vôtres sont bleus.

Cela se passe dans les surprises-parties où vous n'êtes pas rebuté dès l'abord par la binette sincèrement extravagante des quelques possibilités.

Ce cas peut se présenter. La technique se complique beaucoup.

Nota :

Il s'agit toujours de ces surprises-parties décentes où l'on fornique par couples isolés, et seulement dans des pièces séparées de la salle de danse par au moins un rideau.

Les autres surprises-parties sont beaucoup moins intéressantes et ne donnent jamais les résultats que l'on peut obtenir en s'adressant aux professionnels de ce genre de sport.

CHAPITRE V

Le Major avait, dans sa jeunesse, étudié la solution théorique du problème posé à la fin du dernier alinéa de la digression ci-dessus.

Deux variantes peuvent se rencontrer :

A) IL N'Y A PAS UNE SEULE JOLIE FILLE.

Cette éventualité est relativement fréquente, surtout si vous êtes un peu difficile.

a) La surprise-party est bien organisée.

Rabattez-vous sur le buffet, et tout est dit. En effet, ce cas ne se présente que si vous n'êtes pas chez vous, car vous n'organisez de surprises-parties chez vous que si vous êtes sûr d'avoir de jolies filles, et vous n'avez pas de raisons de vous gêner avec le buffet de gens pas même fichus de vous procurer cette indispensable denrée.

b) La surprise-party est mal organisée.

Allez-vous-en et tâchez d'emporter un meuble pour vous dédommager.

B) IL Y A DE JOLIES FILLES, MAIS ELLES SONT EN MAINS.

C'est à ce moment que l'on peut vraiment s'amuser.

a) Vous travaillez en isolé (ou en franc-tireur).

1° *Chez-vous.*

Arrangez-vous pour éloigner l'importun par des procédés variables avec sa nature intrinsèque, mais en vous efforçant de rester bien avec lui le plus longtemps possible.

Travaillant tout seul, vous n'avez guère que le moyen consistant à le faire boire, en prenant soin :

a) d'empêcher sa partenaire, que vous convoitez, de boire trop ou trop près de lui;

b) de ne pas boire autant que lui.

Faites-lui boire des mélanges de fonds de verres susceptibles de faire virer au rose saumon un Sénégalais adulte. Dès qu'il voit moins clair, colorez foncé avec du porto rouge et ajoutez des cendres de cigarettes. Emmenez-le vomir :

a) soit dans les lavabos, s'il n'a fait que boire;

b) soit dans les water-closets, s'il a mangé des gâteaux, parce que les morceaux de pomme boucheraient le lavabo;

c) soit dehors, si vous avez un jardin et s'il pleut.

Ayez soin de vous faire accompagner de sa partenaire. Peut-être finira-t-elle par être dégoûtée. Arrangez-vous en tout cas pour qu'il se couvre d'opprobre. Couchez-le alors dans un endroit qui ne risque rien.

Deux nouvelles variantes peuvent alors se rencontrer :

a) son amie le laisse dormir.

A ce moment, vous avez gagné. S'il est chargé de la raccompagner, décuitez-le en temps utile, à grands coups de torchon mouillé dans le nez, en lui faisant boire un verre d'Eno's ou de café au vitriol (pas trop de vitriol).

b) elle a le dévouement tenace et reste avec lui.

Ils sont vraisemblablement fiancés. Il vous reste la chance de les voir baiser [1] en revenant sans faire de

1. Excusez-moi, c'est le mot.

bruit une heure après. Cela peut vous faire passer un bon moment si vous avez une bonne pour nettoyer.

Cas parasite : le gaillard est incuitable.

Pas de solution, sauf si vous êtes vraiment beaucoup plus fort que lui.

2° *Chez les autres.*

a) *Chez l'individu dont vous convoitez la partenaire.*

Il a vraiment une position très forte, car il est peu probable qu'il se saoule à mort.

Tentez de l'éliminer par une des méthodes suivantes :

1°) En réalisant dans sa salle de bains une inondation bien conditionnée :

a) avec un morceau de chambre à air de bicyclette (s'en munir au préalable);

b) avec un bout de tube de caoutchouc (trouvé sur place, sur un bock ou un réchaud à gaz, mais fréquemment trop petit);

c) en coinçant un verre à dents sous un des robinets de la baignoire (méthode simple, élégante, efficace).

2°) En obturant le siphon des W.-C. au moyen de deux journaux roulés en boule (donne d'excellents résultats).

3°) En enivrant à mort par les procédés indiqués plus haut, un ami intime du maître de maison. Ce dernier risque cependant de venir vous reprendre son bien dès les premiers soins donnés. Son bien risque également de n'avoir nulle envie de changer de zèbre, parce qu'il a la clef des chambres. Ou parce qu'il est peut-être aussi compétent que vous?

b) Chez un hôte absolument quelconque.
Là, vous êtes à peu près à armes égales. C'est dire que vous n'avez pas énormément de chances. Essayez toujours de le noircir, chose délicate si vous n'avez rien amené (d'où dépense à envisager), mais il peut devenir tellement fraternel avec vous et si attendrissant dans ses épanchements avec votre but que votre cœur se fend. Vous ne songez plus qu'à bénir les deux tourtereaux. On ne peut pas toujours mettre son humanité naturelle sous cloche.

Par conséquent, la tâche est assez délicate si l'on travaille tout seul.

b) Vous travaillez en équipe.
Il importe peu à ce moment que vous soyez chez vous ou chez Tartempion. Le travail est extrêmement simple et il est inutile d'être plus de quatre, vous compris, pour arriver à d'excellents résultats. Le risque essentiel consiste à voir l'un de vos trois coéquipiers s'adjuger l'enjeu de l'opération. Choisissez-les sans perdre cela de vue. Est exclue la solution trop facile de la cuite, réservée aux cas déjà traités. Elle ne doit apparaître ici qu'à titre de complément, pour caractériser le fini du travail.

Principe : faire disparaître votre ennemi :

1° *Sous une épaisse couche de honte,* par l'un des moyens suivants :

a) Incitez-le à chercher querelle au petit maigrichon du fond (l'un des quatre) qui ne paye pas de mine, porte des lunettes et travaille le judo depuis six ans.

Les deux autres de l'équipe l'achèveront à grands verres de gnole pour le réconforter;

b) Faites-le jouer à ces petits jeux innocents où l'on se déshabille (et, bien entendu, trichez). Cela n'est pas recommandable s'il triche mieux que vous (de toute façon, mettez un slip et des chaussettes propres), ni s'il se révèle, une fois nu, couvert d'un tas de ces sacrées petites bosses de muscles... Songez, en résumé, qu'il peut rester habillé pendant que vous ne le serez plus, suivez votre inspiration mais soyez modeste.

Le coup vaut d'être tenté s'il porte des fixe-chaussettes et un caleçon long.

2° *De la circulation.*

Ce procédé bien appliqué, ne peut manquer d'aboutir :

a) A la relégation du patient dans la cave ou dans les cabinets;

b) A son départ en votre compagnie (dans la voiture d'un copain). Vous lui faites boire beaucoup de bière au bistrot du coin et vous le laissez pisser au pied d'un arbre à onze kilomètres de là. Ou encore, proposez-lui une baignade et réduisez son pantalon à néant en rase campagne. Très nombreuses variantes;

c) Enfin, triomphe suprême, à sa remise entre les mains d'une opératrice experte et sans préjugés.

Note à Benêts : TOUTE CETTE ÉTUDE PERD UNE GRANDE PARTIE DE SON INTÉRÊT SI VOUS ÊTES PÉDÉRASTE. DANS CE DERNIER CAS NOUS VOUS CONSEILLONS VIVEMENT DE VOUS REPORTER

AU LIVRE BIEN CONNU DU GÉNÉRAL PIERRE WEISS, *Le Pot au noir*.

CHAPITRE VI

Cette digression indispensable permettra aisément de comprendre que les réceptions du Major n'étaient pas de vulgaires surprises-parties et que par conséquent, tout ce qui précède n'a absolument aucun rapport avec l'aventure qui va certainement arriver au Major.

CHAPITRE IV

Les chapitres IV et V n'ayant, comme il est exposé au chapitre VI, qu'un vague rapport avec le Major, il paraît judicieux de revenir au chapitre IV.

Ayant dit : « Tu es vraiment un bon ami », le Major embrassa affectueusement Antioche sur le front, ce pourquoi le dit Antioche se baissa légèrement, et s'éloigna dans le parc à la recherche de son mackintosh, car il ne voulait pas gêner Antioche dans ses essais.

Le mackintosh, assis devant un épicéa de Madagascar, bêlait d'une voix plaintive. Il n'aimait pas du tout ce remue-ménage, et ses ongles lui faisaient mal.

— Tu t'embêtes, hein? demanda aimablement le Major en le caressant entre les cuisses.

Le mackintosh déversa quelques gouttes d'un liquide punais et s'enfuit en faisant : « Psssh! »

Resté seul, le Major s'abandonna à ses pensées amoureuses.

Il cueillit une reine-marguerite, compta soigneusement ses pétales pour s'assurer qu'il ne risquait rien, et, ayant ramené leur nombre à la valeur d'un multiple de cinq moins une unité, commença de l'effeuiller.

— Elle m'aime..., soupira-t-il,

    Un peu

        Beaucoup

            Passionnément

                A la folie

                    Pas du tout

    Un peu

        Beaucoup

            Passionnément

                A la folie

                    Pas du tout

    Un peu

        Beaucoup

            Passionnément

                A la folie

                    Pas du tout...

— Merde! s'écria-t-il...

Forcément, il en avait laissé un de trop.

CHAPITRE V

« Elle ne peut pas m'aimer encore, songea le Major pour se consoler, puisqu'elle ne me connaît pas bien... »

Mais la modestie même de cette réflexion ne le console pas.

Il remonta rapidement l'allée et arriva près de l'auto de Fromental. C'était une Cardebrye peinte en rouge compétent, avec une large bande de métal chromé autour du bouchon du réservoir d'essence. Le dernier modèle, bien entendu, à douze cylindres disposés en hémistiche, en V; le Major préférait l'impair.

Fromental de Vercoquin apparut à ce moment sur le perron, et il dansait avec Zizanie. Le cœur du Major fit « Ploum » dans sa poitrine, et s'arrêta net, la pointe en l'air. Du moins, c'est ce qu'éprouva le Major.

Il suivit le couple des yeux. Le disque s'arrêta. C'était : *Give me that bee in your trousers*. Un autre air commença aussitôt : *Holy pooh doodle dum dee do* et Antioche surgit sur le perron pour inviter Zizanie, qui accepta, au grand soulagement du Major, dont le cœur repartit.

Seul sur le perron, Vercoquin alluma une cigarette et se mit à descendre les marches, nonchalamment.

Il rejoignit le Major qui s'intéressait toujours à la Cardebrye, et, se sentant beaucoup de sympathie pour lui, dit gaiement :

— Je vous emmène? Vous voulez l'essayer?

— Volontiers, dit le Major avec un sourire aimable, voilant sous cette apparente gentillesse un enfer de cinq cents diables girondins.

A trois cents mètres de chez le Major, en bas de l'avenue Gambetta, Fromental tourna à droite sur les indications du Major. Parvenu à l'église de Ville d'Avrille, il tourna à gauche et s'engagea sur la route macadamisée qui menait à Versailles.

Au restaurant du Père Otto, le Major fit signe à Vercoquin de s'arrêter.

— Venez boire un coup, dit-il. Ils ont ici une bière épatante.

Ils s'accoudèrent au bar.

— Un demi pour Monsieur et un porto pour moi! commanda le Major.

— Vous ne prenez pas de bière? demanda Vercoquin un peu étonné.

— Non, répondit le Major, c'est mauvais pour mes articulations.

Or c'était absolument faux. Jamais la bière n'avait produit au Major d'autre effet qu'une croissance rapide et momentanée des extrémités inférieures.

Vercoquin but son demi.

— Un autre! commanda le Major.

— Mais... protesta Fromental en éructant avec bruit.

— Psssst... Pardon, dit le Major. Je vous en prie... c'est la moindre des choses.

Vercoquin but son second demi et le Major régla les consommations puis ils sortirent, se réinstallèrent dans la Cardebrye et repartirent dans la direction de Versailles.

Ils traversèrent cette vieille ville encore imprégnée de l'odeur du Grand Roi, odeur puissante et caractéristique, puis poussèrent jusqu'à la forêt de Marly.

— La voiture marche à merveille, remarqua poliment le Major.

— Oui, répliqua Fromental, mais j'ai une de ces envies de pisser...

Le Major, au volant d'une superbe Cardebrye rouge compétent, monta en prise l'allée de son jardin et s'arrêta devant le perron avec une maestria remarquable. La voiture repartit en arrière, mais il était déjà descendu, et elle alla s'écraser contre le mur prolongeant la grille du parc, sans rien abîmer qu'un vernis du Japon pas tout à fait sec et qui fut légèrement éraflé.

Antioche accueillit le Major en haut du perron.

— Il n'avait pas lu le chapitre V..., dit simplement le Major.

— Mais puisqu'il ne compte pas, répondit Antioche.

— C'est vrai, dit le Major. Pauvre garçon!

— Tu as trop de pitié, assura Antioche.

— C'est vrai, dit le Major. Quel abominable individu! Quel opiniatre crétin! (Le Major ne prononçait pas l'accent circonflexe.)

— Parfaitement, approuva Antioche.

— Et Zizanie? demanda le Major.

— Elle a été se refaire une beauté.

— Il y a longtemps?

— Un quart d'heure. J'ai eu du mal à lui trouver une aiguille et du fil, poursuivit Antioche.

— Du fil comment? demanda discrètement le Major, interrogeant par la bande.

— De la même couleur que son slip, répondit Antioche avec la même discrétion.

— Il est solide, ce fil? continua le Major avec inquiétude.

— Pas fou, dit Antioche. C'est de la rayonne. Ça ne tient à rien quand c'est mouillé.

CHAPITRE VII

Dans le grand salon du Major, l'animation était à son point culminant. Le maître de ces lieux rentra, suivi d'Antioche et se dirigea vers le bar, car il se sentait sec comme un cintre de comité agricole.

Il se versa une orangeade, but, et cracha au loin un pépin d'héristal qui s'était glissé sous sa langue. Antioche se préparait un petit « Monkey's Gland » de derrière les fagots. C'était chaud. C'était bon. Ça sentait fort le polochon (comme dit Édith qui a un penchant pour les odeurs viceloques).

Ayant bu, Antioche se glissa derrière Zizanie qui devisait gaiement, suivant le terme consacré, avec une amie. Pas mal, d'ailleurs, l'amie, pensa le Major, qui, laissant son complice faire le bout d'essai, cherchait un ersatz d'âme sœur.

S'étant glissé derrière Zizanie, Antioche la saisit par le thorax, à pleines mains, fort délicatement et d'une façon parfaitement naturelle, et, lui posant un baiser sur la tempe gauche, la pria à danser.

Elle se dégagea et le suivit au milieu de la pièce.

Il l'enlaça assez étroitement pour dissimuler, au moyen de la jupe d'écossais plissée de la blonde enfant, la partie de son profil comprise entre la ceinture et les genoux. Puis il s'imprégna du rythme de *Cham, Jonah and Joe Louis playing Monopoly to-night* dont les accords harmonieux s'élevaient avec insistance.

Et le Major s'inclina devant l'amie de Zizanie, qu'il assomma complètement en l'interrogeant pendant six danses de suite sur le pedigree de Zizanie, ses goûts, la fréquence de ses sorties, son enfance, etc., etc.

Cependant, la sonnette de la grille tinta et le Major, s'aventurant vers la porte, reconnut au loin la silhouette remarquable de Corneille Leprince, un de ses voisins, qu'il n'avait pas oublié d'inviter. Corneille, dont la demeure s'élevait à vingt mètres de celle du Major, arrivait toujours le dernier parce qu'habitant si près, il n'avait pas besoin de se presser pour être à l'heure. D'où son retard.

CHAPITRE VIII

Corneille était affligé d'une barbe périodique dont la rapidité de croissance n'avait d'égale que la promptitude de la décision à la suite de laquelle, l'ayant conservée six mois, il la sacrifiait sans prévenir mais, en rechignant.

Corneille portait un complet bleu marine, des souliers jaunes épouvantablement aigus, et des cheveux très longs qu'il prenait soin de laver la veille.

Corneille était doué de talents multiples au vire-lay poictevin, à la paulme-racquète, au pigne-pongue, à la mathématique, au piano dégueulasse, et à des tas de choses qu'il ne prenait jamais la peine de poursuivre. Mais il n'aimait ni les chiens, ni la rougeole, ni les autres couleurs d'ole, ni les autres maladies contre lesquelles il se montrait d'une partialité assez révoltante.

En particulier, il avait horreur du mackintosh du Major.

Il le rencontra au tournant de l'allée et s'en écarta avec dégoût.

Outré, le mackintosh fit « Psssh! » et s'en alla.

Autrement, les filles s'accordaient à reconnaître que Corneille eût été un charmant garçon s'il avait coupé régulièrement sa barbe, en prévenant huit jours à l'avance, s'il avait diminué le volume de sa luxuriante toison, et s'il n'avait pas eu l'air de se rouler dans le crottin toutes les fois qu'il portait un complet depuis plus de deux jours.

Ce sacré Corneille se préoccupait vraiment si peu de sa toilette.

Corneille entra donc et serra la main du Major suivant le rite espécial : pouce contre pouce, index tirant l'autre index, chacun de ces deux appendices étant recourbé en crochet dans un plan perpendiculaire au pouce, et les deux mains s'élevant en même temps d'un mouvement régulier.

Il serra de même la main d'Antioche et celui-ci lui dit :

— Alors, Corneille, vous voici! Et votre barbe?

— Je l'ai coupée ce matin! dit Corneille. Et c'était une impression horrible.

— C'est à cause de Janine? demanda Antioche.

— Bien entendu, voyons, dit Corneille en grinçant. C'était un peu de ses façons de sourire.

Puis, sans autre formalité, Corneille se dirigea vers Janine qui allait justement s'emparer de *Palookas in the milk,* un des derniers disques de Bob Grosse-Bi qu'Antioche avait acheté récemment. Elle ne le vit pas venir et Corneille, pointant son index en avant, le lui enfonça dans le gras de l'épaule droite, sauvagement. Elle sursauta et se mit à danser avec lui sans mot dire, l'air empoisonné. Elle regrettait le disque.

De temps en temps, il se laissait tomber en arrière, en tournant et en vrille, si l'on peut dire, sur les talons, le corps incliné à soixante-quinze degrés sur l'horizontale. Il se rattrapait au moment de choir, par une sorte de miracle, en changeant brusquement de direction, avec la pointe de ses souliers immuablement dirigée vers le ciel et sa cavalière maintenue en respect à une distance respectueuse. Il n'allait presque jamais en avant, mais tirait sa danseuse comme un petit bec de gaz de secours pour auquel se raccrocher. Il ne se passait pas de seconde qu'il n'étendît au sol, knock-out, un couple imprudent et au bout de dix minutes, le centre de la salle lui appartenait sans conteste.

Quand il ne dansait pas, Leprince imitait le cri du chonchon ou s'employait à boire une fraction voisine du onzième d'un verre rempli d'alcool dilué, pour ne pas se griser trop vite.

Le Major dansait toujours avec la camarade de

Zizanie et Antioche venait de disparaître dans le petit baisodrome privé contigu à la salle de danse et dans lequel s'entassaient les manteaux.

Accompagné, comme de juste, de Zizanie.

CHAPITRE IX

Comme la gaieté des assistants lui paraissait faiblir, un individu rouquin de haute stature, et qui zozotait ferme bien que portant le prénom éminemment américain de Willy, ou Billy, suivant les moments, entreprit de mettre l'assistance en joie.

Il arrêta le pick-up, avec une habileté diabolique, en retirant la prise, botte secrète qu'Antioche n'avait pas prévue et se planta au milieu de la salle.

— Alors, dit-il, je vous propose, pour changer un peu, que chacun raconte quelques histoires... ou chante une chanson. Comme je ne veux pas me dégonfler, je vais commencer.

Il zozotait tellement que l'on était obligé, en l'écoutant, de modifier son orthographe.

— F'est l'iftoire, dit-il, d'un type qui a un défaut de prononfiafion.

— Fans blague, dit Antioche qui avait entrebâillé la porte du baisodrome, et parlé suffisamment fort pour qu'on l'entendît.

Il y eut un léger froid.

— D'ailleurs, dit le rouquin, ve ne me la rappelle plus bien. Ve vais vous ven raconter une autre. F'est

44

un type qui entre dans vune boutique où il y a écrit deffus « Pompes Funèbres ».

— Qu'est-ce que c'est, sunèbres? demanda une voix anonyme.

— Alors, poursuivit Willy, ignorant l'interrupteur, il dit : Bonvour, monfieur Funèbre, ve voudrais une pompe. Ah! répond l'autre (il zozote aussi) ve n'ai pas de pompe, ve n'ai que des bières. Alors, un demi! qu'il dit le premier.

Et Willy f'efclaffa.

Comme tout le monde connaissait l'histoire, il y eut quelques rires gênés.

— Puifque vous vy tenez, continua Willy, ve vais vous ven raconter encore une. Mais après, fa fera le tour d'un autre. Tiens, Veorves, par exemple.

Cependant que Veorves protestait, Antioche, à tâtons derrière son dos, réussissait à remettre la prise du pick-up dont il s'était rapproché, et les danseurs repartirent tandis que Willy, l'air écœuré, haussait les épaules en murmurant :

— Après tout, fa les regarde... Moi, ve voulais mettre un peu d'entrain.

Le Major ressaisit sa danseuse, et Antioche regagna son baisodrome où Zizanie, dolente, se repoudrait.

CHAPITRE X

En plein milieu de la forêt de Marly, Fromental de Vercoquin, assis au pied d'un hévéa, jurait à mi-voix depuis une demi-heure d'horloge. A mi-voix, parce que la première demi-heure, il avait juré à voix haute, et sa corde vocale gauche coinçait.

Pénétrant derechef dans le baisodrome, Antioche aperçut, tout en haut de la pile de manteaux entassés dans un coin, quatre jambes qu'il n'avait pas remarquées tout d'abord. C'étaient deux qui étaient là-haut à vérifier leur différence spécifique par la méthode des calibres « entre » et « n'entre pas », comme le recommande le Bureau de Normalisation de la Mécanique.

La fille avait de beaux genoux, mais aussi le poil roux, comme le constata Antioche en levant la tête. Cette couleur crue le choqua, et il détourna les yeux, pudique.

Le manteau du dessus étant un imperméable, Antioche ne dérangea pas les deux amateurs de physiologie. D'ailleurs, ils ne faisaient rien de mal. A cet âge, il est bon de se renseigner soi-même sur les problèmes naturels.

Antioche aida Zizanie à rajuster sa robe, qui paraissait prête à s'en aller de son côté, et ils reparurent dans la salle comme si rien n'était arrivé. Il était arrivé si peu de chose...

Le Major se tenait debout près du pick-up, l'air sombre. Antioche s'approcha de lui.

— Tu peux y aller, lui dit-il.

— N'est-ce pas, que c'est une fille bien élevée? dit le Major.

— Oui, et même encore mieux que ça, dit Antioche. C'est une fille qui a du doigté.

— Je parie qu'elle est vierge! affirma le Major.

— Il y a vingt minutes, dit Antioche, tu avais gagné.

— Je ne comprends pas, dit le Major, mais ça ne me regarde pas. Enfin, tu crois que c'est une fille bien?

— Parfaitement bien, mon vieux, assura Antioche.

— Tu crois que j'ai une chance? ajouta le Major, plein d'espoir.

— Mais certainement, mon vieux, assura derechef son acolyte, qui s'arrêta à ce moment pour observer un couple vraiment très swing.

Le mâle portait une tignasse frisée et un complet bleu ciel dont la veste lui tombait aux mollets. Trois fentes par-derrière, sept soufflets, deux martingales superposées et un seul bouton pour la fermer. Le pantalon, qui dépassait à peine la veste, était si étroit que le mollet saillait avec obscénité sous cette sorte d'étrange fourreau. Le col montait jusqu'à la partie supérieure des oreilles. Une petite échancrure de chaque côté permettait à ces dernières de passer. Il avait une cravate faite d'un seul fil de rayonne savamment noué et une pochette orange et mauve. Ses chaussettes moutarde, de la même couleur que celles du Major, mais portées avec infiniment moins d'élégance, se perdaient dans des chaussures de daim beige ravagées par un bon millier de piqûres diverses. Il était swing.

La femelle avait aussi une veste dont dépassait d'un millimètre au moins une ample jupe plissée en tarlatatane de l'île Maurice. Elle était merveilleusement bâtie, portant en arrière des fesses remuantes sur des petites jambes courtes et épaisses. Elle suait des dessous de bras. Sa tenue moins excentrique que celle de son compagnon, passait presque inaperçue : chemisier rouge vif, bas de soie tête-de-nègre, souliers plats de cuir de porc jaune clair, neuf bracelets dorés au poignet gauche et un anneau dans le nez.

Il s'appelait Alexandre, et on le surnommait Coco. Elle se nommait Jacqueline. Son surnom, c'était Coco.

Coco saisissait Coco par la cheville gauche et, la faisant habilement pivoter en l'air, la recevait à cheval sur son genou gauche, puis, passant la jambe droite par-dessus la tête de sa partenaire, il la lâchait brusquement et elle se retrouvait debout, la figure tournée vers le dos du garçon. Il tombait soudain en arrière, faisait le pont et insinuait sa tête entre les cuisses de la fille, se relevant très vite en l'enlevant de terre et la faisant repasser, la tête la première, entre ses jambes, pour se retrouver dans la même position, le dos contre la poitrine de sa compagne. Se retournant alors pour lui faire face, il poussait un « Yeah! » strident, agitait l'index, reculait de trois pas pour avancer aussitôt de quatre, puis onze sur le côté, six en tournant, deux à plat ventre, et le cycle recommençait. Les deux transpiraient à grosses gouttes, concentrés, un peu émus de l'attention nuancée de respect que l'on pouvait lire sur le visage des spectateurs admiratifs. Ils étaient très, très swing.

Antioche poussa un soupir de regret. Il était trop vieux pour ces trucs-là et son slip tenait décidément mal.

Il reprit sa conversation avec le Major.

— Pourquoi tu ne l'invites pas? demanda-t-il.

— J'ose pas... dit le Major, elle m'intimide. Elle est trop bien.

Antioche s'approcha de la jeune fille dont les grands yeux cernés le virent revenir avec un plaisir non dissimulé.

— Écoute, lui dit-il, il faut que tu danses avec le Major; il t'aime.

— Oh! tu ne vas pas me dire ça maintenant! dit Zizanie, émue et inquiète.

— Je t'assure que ça vaudrait mieux... Il est très gentil, il a beaucoup de galette, il est complètement idiot, c'est le mari rêvé.

— Quoi? il faut que je l'épouse?

— Mais bien sûr! dit Antioche... d'un air évident.

CHAPITRE XII

Fromental, qui s'était décidé à se lever, approchait de la maison du Major. Il n'avait plus que neuf kilomètres huit cents à parcourir. Sa jambe gauche lui faisait mal. Elle était peut-être un peu plus chargée que l'autre, puisque le tailleur de Fromental avait toujours considéré son client comme normalement constitué.

Il pénétra dans Versailles un peu avant six heures et demie et gagna dix minutes sur son parcours pédestre théorique en prenant une série compliquée de petits tramways bleus et gris au tempérament excessivement bruyant.

Le dernier d'entre eux le déposa non loin des abords de la côte célèbre de Picardie.

Il décida de tenter le coup de l'auto-stop. Il leva donc désespérément les bras au ciel au passage d'une vieille petite Zébraline trois chevaux, pilotée par une grosse dame.

Elle s'arrêta devant lui.

— Merci, madame, dit Fromental. Vous passez par Ville d'Avrille?

— Mais non, monsieur, dit la dame. Pourquoi irais-je à Ville d'Avrille puisque j'habite ici?

— Vous avez raison, madame, convint Fromental.

Il s'éloigna à contrecœur.

Cent mètres plus loin, il n'était qu'au tiers de la pente et commençait à souffler dur. Il s'arrêta derechef.

Une voiture passa. C'était une Duguesclin modèle 1905, avec soupapes sur le radiateur et pont arrière démembré.

Elle s'arrêta en moins d'un mètre (cela montait) et un vieillard très barbu passa la tête à la portière.

— Mais oui, jeune homme, dit-il avant même que Fromental ait eu le temps de placer un jalon, montez donc, mais tournez un peu la manivelle avant.

Pendant douze minutes, il tourna la manivelle, et la voiture démarra en flèche au moment où il allait ouvrir la portière pour y monter. Le vieux ne réussit à l'arrêter qu'en haut de la côte.

— Excusez-moi, dit-il à Vercoquin qui l'avait rejoint

au pas gymnastique. Elle est un peu nerveuse quand il fait beau.

— Tout naturel, dit Fromental. Le retour d'âge, sans doute.

Il s'installa à la gauche du vieux et la Duguesclin descendit la côte à fond de train.

En arrivant en bas, les deux pneus du côté gauche éclatèrent.

— Il faudra que je change de tailleur, pensa Fromental sans raison valable et avec un incroyable manque de logique.

Le vieux était furieux.

— Vous êtes trop lourd! cria-t-il. C'est votre faute. Je n'avais pas crevé depuis 1911.

— Avec les mêmes pneus? demanda Fromental, intéressé.

— Bien entendu! Je n'ai de voiture que depuis l'année dernière. Les pneus sont neufs!

— Et vous êtes né en 1911? demanda Fromental, qui voulait comprendre.

— N'ajoutez pas l'injure à la crevaison! mugit le vieillard, et réparez ces pneus.

CHAPITRE XIII

A cette même minute, le Major, enlaçant tendrement la taille de Zizanie, descendait le perron à pas lents. Il tourna dans l'allée de droite et gagna le fond du parc, sans se presser, cherchant fiévreusement dans sa tête un sujet de conversation.

Le mur du parc, à cet endroit, était assez bas et onze individus en complet bleu marine, avec des chaussettes blanches, dégueulaient par-dessus le dit mur, auquel ils étaient commodément accoudés.

— Types bien élevés! nota le Major au passage. Préfèrent faire ça chez mon voisin. Mais c'est dommage de perdre tant de bon alcool.

— Comme vous êtes mesquin! dit Zizanie, avec du reproche dans sa douce voix.

— Ma chérie! dit le Major, pour vous, je donnerais tout ce que j'ai!

— Comme vous êtes généreux, dit Zizanie en souriant et en se serrant contre lui.

Le cœur du Major nageait dans la joie avec un grand bruit d'éclaboussement, comme un marsouin. C'était le bruit du vomitorium de campagne, mais il ne s'en rendait pas compte.

Leur présence semblant gêner les onze, dont les dos adoptaient un air de reproche, le Major et la belle blonde s'éloignèrent doucement dans les allées du parc.

Ils s'assirent sur le banc disposé le matin par Antioche dans l'ombre du gratte-menu. Zizanie s'endormait un peu. Le Major laissa aller sa tête sur l'épaule de sa compagne, le nez perdu dans ses cheveux d'or dont s'échappait un parfum insidieux, un remugle de rue Royale et de place Vendôme. Cela s'appelait Brouyards et venait de chez Lenthérite.

Le Major prit dans les siennes les mains de sa douce amie et se perdit dans un rêve intérieur peuplé de félicités ahurissantes.

Un contact humide et froid sur sa main droite le fit sursauter en poussant un cri de chichnouf en extase. Zizanie se réveilla.

Le mackintosh, qui était en train de lécher la main du Major, sauta également à douze pieds de haut en entendant le cri du Major, et s'éloigna, froissé, en faisant « Psssh! ».

— Pauvre vieux! dit le Major; je lui ai fait peur.

— Mais c'est lui qui vous a fait peur, mon chéri, dit Zizanie. Il est idiot, votre mackintosh.

— Il est si jeune, soupira le Major. Et il m'aime tant. Mais, nom de Dieu! vous m'avez dit « mon chéri »!

— Oui, excusez-moi, dit Zizanie. Vous savez, j'ai été réveillée en sursaut.

— Ne vous excusez pas! dit le Major en un murmure fervent... Je suis votre chose.

— Dormons, ma chose! conclut Zizanie en reprenant une position commode.

CHAPITRE XIV

Antioche, resté seul, venait d'accueillir un trio de retardataires qui comportait, ô merveille, une splendide rousse aux yeux verts. L'autre fraction du trio, un type et une typesse sans intérêt, s'éloignait déjà vers le bar. Antioche invita la rousse.

— Vous ne connaissez personne ici? dit-il.

— Non! dit la belle rousse; et vous?

— Pas tout le monde, malheureusement! soupira Antioche en la pressant sur son cœur de façon insistante.

— Je m'appelle Jacqueline! dit-elle en tentant d'insinuer une de ses cuisses entre les jambes d'Antioche, qui agit en conséquence et l'embrassa sur la bouche pendant toute la fin du disque; c'était *Baseball after midnight*, un des derniers succès de Crosse et Blackwell.

Antioche dansa les deux danses suivantes avec sa nouvelle partenaire, qu'il prenait soin de ne pas lâcher pendant les courts laps de temps qui séparaient la fin d'un disque du début du suivant.

Il s'apprêtait à danser la troisième quand un gaillard en complet pied-de-poule vint à lui d'un air inquiet et l'entraîna au premier étage.

— Regardez! dit-il en lui montrant la porte des water-closets. Les cabinets débordent!

Il fit mine de s'éloigner.

— Minute!... dit alors Antioche en le retenant par la manche. Venez avec moi. C'est pas drôle d'être tout seul.

Ils entrèrent dans le buen-retiro. Cela débordait, en effet. On distinguait les journaux roulés en boule.

— Alors si c'est comme ça, dit Antioche en retroussant ses manches, on va les déboucher. Retroussez vos manches!

— Mais... vous êtes déjà prêt...

— Non! Moi, c'est pour vous casser la gueule si ce n'est pas terminé d'ici cinq ronds de petite aiguille. Vous comprenez, ajouta Antioche, c'est pas à un vieux préambule comme moi qu'on apprend à doubler le cap Horn...

54

— Ah?... fit l'autre en plongeant ses doigts dans quelque chose de mou qui garnissait le fond du siphon, ce qui le fit frissonner des pieds à la tête et tourner instantanément au blanc crémeux.

— Vous avez un lavabo à votre droite... conclut Antioche, au moment où le malheureux se relevait sous la fenêtre que son bourreau venait d'ouvrir. La fenêtre tint le coup et le crâne aussi.

Puis Antioche redescendit.

Comme il s'y attendait, Jacqueline était au buffet, entourée de deux individus qui luttaient pour lui verser à boire. Antioche saisit le verre qu'ils avaient réussi à emplir et le tendit à Jacqueline.

— Merci! dit-elle en souriant et en le suivant vers le milieu de la piste, que, par miracle, Corneille venait d'abandonner.

Il l'enlaça derechef. Les deux, restés au buffet, faisaient la vilaine bobine.

— Regardez-moi ça!... ricana Antioche. Ça a encore du placenta plein les narines et ça veut posséder un professionnel de ma force!...

— Ah oui? répondit Jacqueline, sans bien comprendre. Oh! mais qui est celui-là?

Fromental venait d'apparaître à la porte du salon.

CHAPITRE XV

Heureusement, *Mushrooms in my red nostrils* démarrait, et le vacarme des cuivres couvrit le rugis-

sement provocateur du malheureux; il se rua vers le
buffet et vida les deux tiers d'un flacon de gin avant
de reprendre haleine.

Ayant tout oublié du coup, il promena sur l'assistance un sourire béat de chèvre qui aurait trouvé du
foin dans ses sabots.

Il avisa dans un coin de la salle une petite blonde
décolletée jusqu'à la pointe des seins et se dirigea sur
elle d'un pas assuré. Sans l'attendre, elle gagna la
porte. Il la suivit, courant derrière elle en faisant de
temps en temps un bond de deux mètres sept de haut-
teur pour attraper un papillon jaune. Elle se perdit
— pas pour tout le monde — dans une touffe de laurier-
voucrûh, et les branches se refermèrent sur Fromental,
qui l'y avait suivie.

CHAPITRE XVI

Au bout d'une demi-heure de sommeil, le Major,
tiré de sa torpeur par un rugissement lointain — c'était
le moment où Fromental pénétrait dans le salon —
s'éveilla brusquement. Zizanie se réveilla aussi.

Il la regarda avec amour et constata que son ventre
s'arrondissait dans des proportions alarmantes.

— Zizanie! cria-t-il. Qu'est-ce qui se passe?

— Oh! mon chéri! dit-elle, est-il possible que vous
vous comportiez de la sorte en dormant et que cela ne
vous laisse pas plus de souvenirs?

— Mince! dit trivialement le Major, j'ai rien remarqué. Excuse-moi, mon amour, mais il va falloir régulariser.

Le Major était très naïf pour les choses de l'amour et ignorait qu'il faut au moins dix jours pour que ça commence à se voir.

— C'est très simple, dit Zizanie... Nous sommes jeudi. Il est sept heures. Antioche va partir demander pour vous ma main à mon oncle, qui est encore dans son bureau.

— Tu ne me tutoies pas, ma splendeur grégorienne? dit le Major, ému jusqu'aux larmes, et qu'un tremblement irrégulier agitait de l'épaule à l'ischion.

— Mais si, mon chéri, répondit Zizanie. Après tout, j'ai bien réfléchi...

— C'est fou, ce qu'on peut faire en dormant, interrompit le Major.

— J'ai bien réfléchi et je pense que je ne pourrai jamais rencontrer un meilleur mari...

— Oh, ange de ma vie! s'écria le Major... Enfin tu m'as tutoyé. Mais pourquoi ne pas aller directement demander ta main à ton père?

— Je n'en ai point.

— C'est donc quelqu'un des tiens?

— C'est le frère de ma mère. Il passe sa vie dans son bureau.

— Qu'en dit ta tante?

— Il ne s'en soucie pas. Il ne lui permet pas même de venir habiter avec lui. Elle vit dans un petit appartement où, parfois, il va la rejoindre.

— Damné bizenèce! conclut le Major.

— Je préférerais bize-nièce, murmura Zizanie en se frottant contre lui, puisque c'est mon oncle.

Le Major s'exécuta avec un plaisir si peu dissimulé que trois boutons sautèrent et faillirent éborgner Zizanie.

— Allons trouver Antioche, proposa cette dernière, un peu calmée.

En passant près du massif de laurier à l'intérieur duquel venait de s'abattre Fromental, le Major reçut successivement sur la tête une chaussette, un soulier gauche, un slip, un pantalon, auquel il reconnut l'identité du projetant, une autre chaussette, un soulier droit, une bretelle, un gilet, une chemise et une cravate encore accouplés. Qui furent suivis instantanément d'une robe, d'un soutien-gorge, de deux souliers de femme, d'une paire de bas, d'une petite ceinture de dentelle vraisemblablement destinée à soutenir les dits bas, et d'une bague de soixante et neuf carats formée d'un fragment de menhir vermoulu doré sur tranche et monté sur roulements à aiguilles. Qui faillit éborgner le mackintosh, arrivant à l'improviste, et qui repartit en faisant : « Psssh! »

Le Major déduisit de cette avalanche :

1º Qu'ils avaient utilisé la veste de Fromental comme tapis de sol.

2º Que la partenaire n'avait pas de slip et savait par conséquent qu'elle allait dans une surprise-party sympathique.

58

Il aurait pu en déduire des tas d'autres choses, mais s'arrêta là.

On s'amusait chez lui, ça lui faisait plaisir.

Il était heureux de voir aussi que Fromental ne pensait plus à sa voiture.

CHAPITRE XVIII

D'ailleurs, Fromental ne l'avait pas encore vue.

CHAPITRE XIX

Le Major, utilisant la propriété de la robe de Zizanie qui avait dès l'abord attiré sur elle l'attention d'Antioche, poursuivit sa route en prise directe. Le rendement était excellent.

Il gravit les marches du perron et cria :

— Antioche!

Ce dernier ne répondit pas et le Major eut tôt fait de comprendre qu'il n'était pas là. Le Major entra donc et se dirigea vers le baisodrome. Il laissait Zizanie sur le seuil.

Il trouva Antioche qui se redressa, soulagé, car c'était la onzième reprise et cela n'avait pas l'air de suffire. Jacqueline rabattit posément sa jupe et se leva, pleine d'entrain.

— Vous dansez avec moi? proposa-t-elle au Major, en lui coulant un regard à 1 300 degrés.

— Une minute... implora le Major.

— Alors, je vais tâcher de trouver quelqu'un d'autre... dit-elle en s'éloignant, pleine de tact et de poils de chèvre qui provenaient du divan du baisodrome.

— Antioche! murmura le Major dès qu'elle eut tourné l'étalon.

— Présent! répondit Antioche en se raidissant dans un garde-à-vous impeccable, le torse plié à l'angle droit et l'index sur la carotide.

— Il faut que je l'épouse tout de suite... Elle est...

— Quoi? s'étonna Antioche. Déjà!

— Oui... soupira modestement le Major. Et je ne m'en suis pas aperçu moi-même. J'ai fait ça en dormant.

— Tu es un type extraordinaire! dit Antioche.

— Merci, mon vieux, dit le Major. Puis-je compter sur toi?

— Pour demander sa main à son père, sans doute?

— Non, à son oncle.

— Où crèche ce vertébré? demanda Antioche.

— Dans son bureau, au milieu des précieux documents réunis par ses soins et qui concernent toutes les activités inintéressantes de l'industrie humaine.

— Eh bien ! dit Antioche, j'irai demain.

— Tout de suite! insista le Major. Regarde sa taille.

— Alors? dit Antioche en entrebâillant la porte du baisodrome pour la contempler. Quoi d'extraordinaire?

Effectivement, Zizanie était toute mince ainsi que

put, à son tour, s'en rendre compte le Major.

— Bon sang! dit-il. Elle m'a fait le coup du pylore...

C'était un tour, pratiqué par les fakirs, auquel il s'entraînait depuis des années, et qui consistait à faire saillir son estomac d'une façon quasi inhumaine.

— Peut-être, simplement, eus-tu la berlue... dit Antioche. Tu comprends, après une rencontre comme celle-là...

— Tu dois avoir raison, admit le Major. Mes nerfs sont en tire-bouchon. Demain, il sera temps d'aller trouver son oncle.

CHAPITRE XX

Dans la salle, où les danseurs évoluaient toujours, le Major reprit possession de Zizanie, mais Antioche ne retrouva pas Jacqueline. Il sortit donc dans le parc et aperçut au coin d'un arbre carré un pied qui dépassait... au bout de ce pied, il trouva un premier invité, exsangue, épuisé... plus loin, un autre dans le même état, puis cinq autres, en groupe confus, et encore deux isolés.

Dans le jardin potager, il vit enfin la rousse qui avait arraché un poireau et s'exerçait à la brimade macédonienne.

Il la héla de loin. Elle laissa retomber sa jupe et, pleine d'allant, se dirigea vers lui.

— Toujours swing? lui demanda-t-il.

— Oui, naturellement; et vous?

— Un peu encore, mais si peu...

— Pauvre ami... murmura-t-elle affectueusement en se haussant pour l'embrasser.

On entendit un craquement sinistre et Antioche introduisit successivement la main droite dans chacune des jambes de son pantalon pour en retirer les deux moitiés d'un slip atrocement déchiqueté.

— Je n'ai pas les moyens... conclut-il. Mais à défaut de ma personne, peut-être un autre pourra-t-il vous satisfaire...

La maintenant par le bras à distance respectueuse, il parvint au buisson de laurier à l'abri duquel Fromental, tout nu, semblait forniquer avec le sol. Il y était allé de si bon cœur que sa conquête, sous la pression répétée, avait peu à peu disparu sous une épaisse couche d'humus, s'enfonçant de plus en plus dans le terreau gras.

Antioche la dégagea de son incommode position et, la laissant se ranimer dans l'herbe fraîche, fit les présentations.

CHAPITRE XXI

A la cent quatorzième tentative, Fromental, vaincu, s'écroula sur le corps odorant de Jacqueline, qui reniflait un brin de laurier d'un air dubitatif.

CHAPITRE XXII

La surprise-party tirait à sa fin. Janine avait réussi à dissimuler dans son soutien-gorge les vingt-neuf disques choisis avec soin pendant l'après-midi. Corneille, parti depuis longtemps pour manger une bouillie, était revenu, puis reparti, et personne ne savait où il était passé. Ses parents, affolés, tournaient en rond au milieu de la salle et tout le monde croyait qu'il s'agissait d'un ballet swing inédit.

Antioche monta aux étages supérieurs. Il extirpa deux couples du lit du Major, deux autres et un pédéraste du sien propre, trois du placard à balais, un du placard à chaussures (c'était un tout petit couple). Il trouva sept filles et un garçon dans la cave à charbon, tous tout nus et couverts de dégueulis mauve. Il retira une petite brune de la chaudière, qui, heureusement, n'était pas encore tout à fait éteinte, ce qui l'avait sauvée de la pneumonie, récupéra dix francs quarante-cinq en billon en secouant un lustre dans lequel deux individus ivres, de sexe indéterminable, jouaient au bridge depuis cinq heures de l'après-midi, sans qu'on les remarquât, ramassa les morceaux de sept cent soixante-deux verres de cristal taillé cassés pendant la réception. Il trouva des restes de gâteaux jusque sur des assiettes, un poudrier dans le distributeur de papier hygiénique, une paire de chaussettes de laine à carreaux, dépareillées, dans le four électrique, rendit la liberté à un chien de chasse — qu'il ne connaissait pas — enfermé dans le garde-manger, et éteignit six commencements d'incendie pour cause d'ignition persistante de mégots délaissés. Trois divans sur quatre de la salle de danse étaient tachés de porto; le quatrième, de mayonnaise. Le pick-up avait perdu son moteur et son bras. Il ne restait que l'interrupteur.

Antioche regagna la salle au moment du départ des invités. Il restait trois imperméables en rabiot.

Il leur dit à tous au revoir et s'en fut les attendre à la grille où, pour se venger, il en abattit un sur quatre à coups de mitrailleuse à mesure qu'ils sortaient. Puis il remonta l'allée et repassa devant le massif de laurier.

Le mackintosh, à cheval sur Jacqueline, évanouie, poussait de petits cris de plaisir. Antioche le flatta de la main, rhabilla Fromental toujours inerte et sa partenaire initiale qui dormait dans l'herbe et les réveilla à grands coups de pied dans le derrière.

— Où est ma voiture? demanda Fromental en reprenant connaissance.

— Là, dit Antioche en lui montrant un amas de débris d'où émergeait un volant tout tordu.

Fromental s'assit devant le volant et fit monter la jeune fille à côté de lui.

— Une Cardebrye repart toujours au quart de tour, brama-t-il. Il tira un levier et le volant démarra, l'emportant à sa suite...

La petite blonde suivait en courant...

DEUXIÈME PARTIE

Dans l'ombre des ronéos

Le Sous-Ingénieur principal Léon-Charles Miqueut tenait son conseil hebdomadaire au milieu de ses six adjoints dans le bureau puant qu'il occupait au dernier étage d'un immeuble moderne en pierre de taille.

La pièce était meublée avec un goût parfait de seize classeurs de chêne sodomisé passés au vernis bureau-cratique, qui tire sur le caca d'oie, de meubles d'acier à tiroirs roulants où l'on rangeait les papiers parti-culièrement confidentiels, de tables surchargées de documents urgents, d'un planning de trois mètres sur deux comportant un système perfectionné de fiches multicolores jamais à jour. Une dizaine de planches supportaient les fruits de l'activité laborieuse du ser-vice, concrétisés en de petits fascicules gris souris, qui tentaient de régler toutes les formes de l'activité humaine. On les appelait des Nothons. Ils tentaient, orgueilleusement, d'organiser la production et de pro-téger les consommateurs.

Dans l'ordre hiérarchique, le Sous-Ingénieur prin-cipal Miqueut se classait immédiatement après l'Ingénieur principal Touchebœuf. Tous deux traitaient les problèmes techniques.

Le soin des questions administratives incombait, tout naturellement, au Directeur administratif, Joseph Brignole, et, pour une part, au Secrétaire général.

Le Président-Directeur général Émile Gallopin coordonnait les activités de ses subordonnés. Une dizaine d'administrateurs de tout poil complétaient l'ensemble, qui s'intitulait CONSORTIUM NATIONAL DE L'UNIFICATION, ou, par abréviation, le C.N.U.

L'immeuble abritait encore quelques Inspecteurs généraux, anciens soudards retraités, qui passaient le plus clair de leur temps à ronfler aux réunions techniques, et ce qui leur en restait à parcourir la contrée sous le couvert de missions leur donnant un prétexte pour rançonner les adhérents dont les cotisations permettaient au C.N.U. de subsister tant bien que mal.

Afin d'éviter les abus, le Gouvernement, ne pouvant freiner d'un coup l'acharnement des Ingénieurs principaux Miqueut et Touchebœuf à élaborer des Nothons, avait délégué, pour le représenter et superviser le C.N.U. un brillant polytechnicien, le Délégué Central du Gouvernement Requin, dont la tâche consistait à retarder le plus possible l'aboutissement des Nothons. Il y parvenait sans peine en convoquant plusieurs fois par semaine les têtes du C.N.U. dans son bureau pour des discussions cent fois ressassées, mais dont, l'habitude aidant, il se fût difficilement passé.

Pour le reste, M. Requin émargeait à plusieurs ministères et signait des ouvrages techniques que d'obscurs ingénieurs passaient des heures pénibles à élaborer.

Malgré le Gouvernement, malgré les obstacles, malgré tout, on se trouvait à la fin de chaque mois devant cette évidence : quelques Nothons de plus avaient vu le jour. Sans les sages précautions prises par les industriels et les commerçants, la situation se fût trouvée dangereuse : que penser d'un pays où l'on donne cent centilitres pour un litre et où un boulon garanti pour résister à quinze tonnes tient le coup sous une charge de 15 000 kilos? Heureusement, les professions intéressées prenaient, avec l'appui du Gouvernement, une part prépondérante à la création des Nothons, et les établissaient de telle façon que des années devenaient nécessaires à leur déchiffrage : au bout de ce temps on en préparait une révision.

Miqueut et Touchebœuf, pour plaire au Délégué, avaient également tenté de retenir le zèle de leurs subordonnés et d'enrayer l'avance des Nothons, mais depuis que l'on avait reconnu l'innocuité de ceux-ci, ils se bornaient à des recommandations fréquentes, de prudence, et à l'exemple du Délégué Requin, multipliaient les réunions, qui font perdre le maximum de temps.

D'ailleurs les Nothons, grâce à une habile propagande, possédaient auprès du public — qu'ils prétendaient protéger — une très mauvaise réputation.

CHAPITRE II

— Eh bien! dit Miqueut en bredouillant, car il n'avait pas la parole facile, euh... je vais vous parler aujourd'hui de... euh... diverses choses sur lesquelles je crois utile d'attirer à nouveau... du moins pour certaines d'entre elles, votre attention.

Il les considéra tous de l'œil d'une taupe ayant fait la noce, humecta ses lèvres d'un peu de salive blanchâtre, et poursuivit :

— D'abord, la question des virgules... J'ai remarqué, et cela à plusieurs reprises... notez que je ne parle pas spécialement de notre service, où, au contraire, à quelques exceptions près, on fait en général attention, que l'absence de virgules peut, dans certains cas, se montrer particulièrement gênante... vous savez que les virgules, qui sont destinées à marquer, dans la phrase que l'on écrit, un temps de repos à respecter, autant que possible, par la voix de celui qui lit, dans le cas, bien entendu, où ce document doit être lu à haute voix... donc, en somme, je vous rappelle qu'il faut y faire très attention, car, surtout, dans le cas, n'est-ce pas, où il s'agit de documents devant être envoyés à la Délégation.

La Délégation était l'organisme gouvernemental présidé par M. Requin, chargé d'étudier les suggestions et projets de Nothons qui émanaient du C.N.U. et dont Miqueut avait une sainte terreur, car il représentait l'Administration.

Miqueut s'arrêta. Il devenait toujours un peu pâle et solennel quand il parlait de la Délégation et baissait alors la voix de plusieurs tons.

— Je vous rappelle, en particulier quand il s'agit de rapports, qu'il faut donc faire très attention et je compte que vous ferez tous le nécessaire pour ne pas perdre de vue cette observation, qui, je le répète, ne

68

s'applique pas à notre service, où, en général, à quelques exceptions près, on fait assez attention. J'ai eu l'occasion de causer récemment à une personne qui examine fréquemment ces problèmes et je vous assure que ce qui compte dans les Nothons c'est le texte qui les accompagne et qui les présente, et, n'est-ce pas, il y a... euh... tout intérêt à faire le plus attention, car, ce qu'on lit dans le Nothon, c'est le rapport, et c'est pourquoi j'insiste toujours pour que vous y fassiez très attention, car, dans les relations avec l'extérieur, et particulièrement, j'insiste sur ce point, avec la Délégation, nous devons nous garder de faire des blagues, car ça risque de faire des drames, et après, c'est toute une histoire... et de toute façon, je vous conseille vivement de ne pas compter sur notre organisme de contrôle, qui doit contrôler, mais en fait ne doit rien avoir à faire, et d'ailleurs certains d'entre vous, à qui j'en ai déjà parlé, ont constaté à leurs dépens qu'il y a un certain risque à se fier au contrôle, qui, je le répète, est là pour contrôler, mais, en fait, ne doit plus rien avoir à contrôler quand les documents descendent.

Il s'arrêta, satisfait, promenant un regard circulaire sur les six adjoints qui somnolaient en l'écoutant béatement, un vague sourire aux lèvres.

— En somme, poursuivit-il, je vous le répète, il faut faire très attention. Et maintenant, je voudrais vous parler d'une autre question qui est presque aussi importante que celle des virgules, c'est celle des points-virgules...

Trois heures après, le conseil hebdomadaire, qui devait, en principe, durer dix minutes, se poursuivait encore et Miqueut disait :

— Eh bien, je crois que... euh... nous avons à peu près épuisé notre programme de ce matin... Voyez-vous une autre question que nous puissions étudier?

— Oui, monsieur, dit Adolphe Troude, se réveillant en sursaut. Il y a la question de *L'Épatant* et du *Petit Illustré*.

— Qu'est-ce qui ne va pas? demanda Miqueut.

— Ça circule très mal, affirma Troude. Les dactylos nous les chipent et les Inspecteurs généraux n'en finissent pas de les lire.

— Vous savez que nous devons montrer la plus grande déférence, moi comme vous, vis-à-vis des Inspecteurs généraux, qui sont d'anciens braves à trois poils...

— Ce n'est pas une raison, dit Troude, sans logique apparente, pour que les dactylos nous chipent *L'Épatant*.

— Vous avez raison de m'en informer, en tout cas, dit Miqueut qui nota le renseignement sur son bloc spécial. J'interrogerai Mme Lougre à ce sujet... Vous ne voyez rien d'autre?

— Non, dit Troude, et les autres firent « non » de la tête.

— Alors, messieurs, la séance est levée... Léger, vous resterez une minute, j'ai à vous parler.

— Tout de suite, monsieur, dit Léger. Je vais prendre mon bloc.

70

Rentré dans son bureau en coup de vent, Léger frotta quelques instants sa petite moustache que les mites avaient un peu mangée pendant l'hiver, à cause de la pénurie de paradichlorobenzène due à l'épidémie d'influenza qui venait de sévir dans la région lyonnaise. Il ajusta ses guêtres saumon, saisit un volumineux dossier de courrier urgent qu'il tapa sur sa cuisse pour en chasser la poussière, et se précipita chez Miqueut.

— Voilà, monsieur, dit-il en s'asseyant à la gauche de cet homme redoutable. J'ai préparé les cent vingt-sept réponses pour le courrier du matin et j'ai trente-deux notes pour la Délégation que vous m'avez demandées pour demain.

— Parfait! dit Miqueut. Avez-vous fait taper le stencil de six cent cinquante-quatre pages que nous avons reçu avant hier?

— Mlle Rouget finit de le taper, dit Léger. Je l'ai un peu secouée... Je ne suis pas très content de son travail.

— En effet, dit Miqueut, ça ne va pas très vite. Enfin, quand les temps seront meilleurs, on tâchera de vous trouver une secrétaire... à la hauteur. Pour l'instant, n'est-ce pas, il faut prendre ce qu'on trouve. Allons, voyons ces lettres.

— La première, dit Léger, c'est la réponse à l'Institut du Caoutchouc pour les essais de vessies à glace.

Le Sous-Ingénieur principal Miqueut ajusta ses bésicles et lut :

« Monsieur,

« Comme suite à votre lettre dont référence ci-dessus, nous... »

— Non, dit-il, mettez : « Nous avons l'honneur d'accuser réception de votre lettre dont référence ci-dessus »... c'est la formule consacrée, n'est-ce pas...

— Ah, oui! dit Léger, excusez-moi, je l'avais oubliée.

Miqueut poursuivit :

« ...nous avons l'honneur de vous informer que... »

— Bien! approuva-t-il, vous avez saisi la formule. Au fond, votre première rédaction pouvait aller... vous la rétablirez, n'est-ce pas...

« ...de vous informer que nous nous proposons de procéder prochainement à des essais de vessies à glace dans les conditions normales d'utilisation. Nous vous serions reconnaissants de bien vouloir nous faire savoir »...

— Non, n'est-ce pas, en somme, ils dépendent plus ou moins de nous et nous n'avons pas à être trop... euh... obséquieux, non... enfin, vous voyez, ce n'est pas tout à fait le mot... mais vous voyez, hein?

— Oui... répondit Léger.

— Vous mettrez autre chose, hein? je compte sur vous... Mettez : « nous vous prions »... ou... enfin, vous voyez...

« ...de bien vouloir nous faire savoir »...

— Alors, vous arrangerez ça, hein!

« ...s'il vous sera possible de participer à cette réunion, à laquelle prendront également part S. Ém.

le Cardinal Baudrillon, M. le Directeur du Latex et des Communications du Ministère Central des Tourbières et des Voies d'eau, et M. l'Inspecteur des Jeux Innocents du Département de la Seine. Nous vous prions de nous faire savoir »...

— Ça va faire deux fois « nous vous prions », si on change la phrase précédente, remarqua Léger, qui avait un œil de lynx.

— Enfin... euh... vous arrangerez ça, n'est-ce pas, je vous fais confiance...

« ...de nous faire savoir le plus tôt possible si vous pourrez assister »...

— Ah! non, protesta Miqueut, votre rédaction n'est pas bonne...

S'armant d'un misérable chicot de crayon directorial — d'une marque réservée aux Cadres du Consortium, il écrivit entre les lignes, en caractères étriqués :

« ...de nous faire savoir de toute urgence » — n'est-ce pas — « s'il vous sera possible d'assister »...

— Vous comprenez, comme ça, en somme, c'est plus... enfin, vous saisissez...

— Oui, monsieur, dit Léger.

— Enfin, conclut Miqueut en parcourant rapidement des yeux la fin de la lettre, votre lettre est tout à fait bien à part ça... Voyons les autres...

La sonnerie du téléphone intérieur tinta, l'interrompant soudain.

— Ah! flûte, dit-il avec un geste d'ennui.

Il décrocha.

— Allô? Oui! Bonjour, mon cher!... Tout de suite? Bon! Je descends!

— On me demande pour la manille, dit-il avec un

geste d'excuse. Je verrai le reste avec vous plus tard...

— Très bien, monsieur, répondit Léger, qui sortit et referma la porte...

CHAPITRE IV

Les services du Sous-Ingénieur principal Miqueut se groupaient au dernier étage de l'immeuble occupé par l'ensemble du Consortium. Un couloir central desservait un certain nombre de bureaux communiquant entre eux par une série de portes intérieures. Au barycentre trônait Léon-Charles, encadré par René Vidal à droite et Emmanuel Pigeon de l'autre côté. Jouxtant le bureau de Vidal, se trouvait celui de Victor Léger, que celui-ci partageait avec Henri Levadoux. Pigeon avait pour vis-à-vis Adolphe Troude et Jacques Marion occupait à côté d'eux un bureau situé tout au bout du couloir. En face étaient les bureaux des dactylos et le standard téléphonique.

Léger effectua sa sortie par le bureau de Vidal.

— Il est descendu! clama-t-il en passant.

Vidal avait déjà entendu Miqueut sortir, s'arrêter pour pisser dans les lavabos, ce qu'il faisait immuablement chaque fois qu'il quittait son bureau, et gagner l'escalier. Pigeon, à l'oreille fine, rejoignit les deux autres et Levadoux vint compléter l'assemblée.

Ils se retrouvaient chez Vidal lorsque le Sous-Ingénieur principal descendait discuter avec Touchebœuf ou se rendait en réunion.

D'ordinaire, Adolphe Troude restait dans son bureau et couvrait d'innombrables feuilles de brouillons provenant d'anciens Nothons annulés d'une séquelle de signes comparables à l'élucubration d'un hyménoptère analphabète et dipsomane.

Marion dormait, le menton commodément appuyé sur l'extrémité d'une règle de poirier fourchu. Il venait de convoler; cela ne paraissait pas lui réussir. Il était, il est vrai, resté longtemps dans l'armée avant d'entrer au C.N.U. et ces coups conjugués pouvaient avoir un effet.

— Messieurs, déclara Pigeon, nos précédents entretiens nous ont apporté de précieux renseignements sur les comportements du Sous-Ingénieur principal Miqueut. Pour nous résumer, voici ce que nous savons déjà, grâce à nos observations personnelles :

a) Il dit « Au plaisir », au téléphone;

b) Il emploie souvent l'expression bien connue : « de façon à ce que »;

c) Il se gratte les alentours de la braguette;

d) Il ne s'arrête de se gratter que pour se ronger les ongles.

— Nous sommes d'accord, répondit Vidal.

— Mes cogitations récentes, continua Pigeon, m'incitent au contraire à affirmer que nous ne sommes pas d'accord sur le dernier point :

— Il ne se ronge pas les ongles.

— Il est toujours en train de se sucer les doigts! protesta Léger.

— Oui, répondit fermement Pigeon, après les avoir mis dans son nez.

« Le processus est le suivant : il se gratte les dents

avec les ongles, pour aiguiser ces derniers, puis il les introduit dans son nez et les en extirpe derechef avec leur chargement. Il lisse sa moustache au moyen de la bave qui couvre l'extrémité des phalanges et savoure enfin le fruit de ses recherches.

— Adopté! dit Levadoux. Rien à ajouter.

« Rien pour l'instant.

— Mais quand même, conclut Vidal, ce qu'on peut s'embêter!

— C'est fou, ce qu'on s'embête! approuva Pigeon.

— On serait si bien dehors! dit Levadoux, et cette originale remarque fit passer au fond de ses yeux de topaze brûlée un nuage de nostalgie galopante.

— Moi, dit Léger, je ne m'embête pas. Je viens au contraire de me rendre compte, grâce à un calcul des plus astucieux que j'ai lu dans un *Bulletin des Assu-reurs-Conseils hérétiques de France,* que j'ai déjà dépassé la moitié de mon existence normale. Le plus dur est fait.

Sur cette notion consolante, ils se séparèrent alors. Pigeon retourna dans son bureau faire un somme, Victor se remit à l'étude de l'anglais et Levadoux à celle du Cépéha, un examen très difficile qu'il présentait à la fin de l'année. Il envisageait, en effet, de quitter le C.N.U. et le diplôme du Cépéha lui serait extrêmement utile pour y rentrer plus tard.

René Vidal se remit à la copie de quelques partitions. Il jouait de la trompette harmonique dans l'orchestre de jazz amateur de Claude Abadie et cela prenait beaucoup de temps.

Accessoirement, tous rédigeaient des projets de Nothons dont le Sous-Ingénieur principal Miqueut, grandeur d'âme sans égale, prenait dès qu'ils étaient au point, l'entière responsabilité.

CHAPITRE V

Resté seul dans son bureau, René Vidal se remit à son travail du moment, qui consistait en la perforation d'un certain nombre de feuillets destinés à recevoir des notations personnelles.

Il faisait des trous depuis dix minutes à peine lorsque le grésillement du téléphone intérieur retentit.

Il décrocha.

— Allô? Monsieur Vidal? Ici, Mademoiselle Alliage.

— Bonjour, mademoiselle, dit Vidal.

— Bonjour, monsieur. Monsieur, il y a ici un visiteur qui voudrait voir M. Miqueut.

— C'est à quel sujet? demanda Vidal.

— Il est question de gants blancs, mais sa conversation est difficile à suivre.

— Des gants blancs? murmura Vidal. C'est du cuir ou du textile?... Alors, c'est pour moi. Faites-le monter, mademoiselle. Je vais le recevoir, car M. Miqueut est au rapport. Comment s'appelle-t-il?

— C'est M. Tambretambre, monsieur. Alors, je vous l'envoie.

— C'est ça.

Vidal raccrocha.

— La barbe, les gars, dit-il en entrouvrant la porte de Léger et Levadoux. J'ai un visiteur.

— Amusez-vous bien! nargua Léger, qui, sans transition, se mit à déclamer : « My tailor is rich », la première leçon de sa méthode.

Vidal balaya d'un mouvement circulaire et centripète du bras droit la surface encombrée de son bureau et enfouit l'amas de paperasses en résultant dans le tiroir de gauche, ce qui donnait à l'ensemble un air plus digne. Puis il saisit un document ronéoté et se mit à l'étudier attentivement. C'était toujours le même qui lui servait. Il avait sept ans, mais il était très épais et faisait très sérieux. Il traitait de l'unification des clavettes pour roues arrière de voiturettes légères de transport pour matériaux de construction de dimensions inférieures à 17.30.15 centimètres et non susceptibles de constituer un danger notable lors de leur manutention. La question n'avait pas encore abouti, mais le document restait inusable.

Deux coups retentirent à la porte.

— Entrez! cria Vidal.

Antioche entra.

— Bonjour, monsieur, dit Vidal. Asseyez-vous, je vous prie.

Il lui avança une chaise.

Les deux hommes se regardèrent quelques instants et constatèrent qu'ils se ressemblaient d'une façon curieuse, ce qui les mit fort à l'aise.

— Monsieur, dit Antioche, je désirais voir M. Miqueut pour une affaire personnelle. En fait, pour lui demander la main de sa nièce.

— Permettez-moi de vous congratuler... dit René Vidal en dissimulant un sourire apitoyé.

— N'en faites rien, c'est pour un ami, ajouta vivement Antioche.

— Eh bien! si votre amitié se traduit par des services comme celui-ci, je vous serais infiniment reconnaissant de me considérer désormais comme un ennemi possible, dit Vidal dans le plus pur style du C.N.U.

— En d'autres termes, conclut Antioche, qui goûtait un langage simple, le Sous-Ingénieur Miqueut est un emmerdeur.

— De la pire espèce, dit Vidal.

A ce moment, la porte donnant dans le bureau de Levadoux et Léger s'ouvrit.

— Excusez-moi, dit Levadoux en passant la tête par l'ouverture de l'huis, mais savez-vous ce que fait Miqueut tantôt?

— Je crois qu'il va en réunion avec Troude, dit Vidal, mais il serait prudent de vous en assurer.

— Merci! dit Levadoux en refermant la porte.

— Revenons à nos moutons, dit Antioche. Je crois que j'ai eu de la veine de ne pas trouver Miqueut ce matin? Il vaut toujours mieux connaître un peu d'avance les gens avec lesquels on va traiter une affaire.

— Vous avez raison, dit Vidal. Mais j'ignorais que Miqueut eût une nièce.

— Elle est assez sympathique..., avoua Antioche, pensant à la surprise-party.

— Elle ne ressemble pas du tout à son oncle, dans ce cas.

Il avait, en effet, un faciès de cornichon grisonnant

mâtiné de chinois, ce qu'accentuait un clignement des yeux fort désagréable à voir; il souffrait de myopie, et par coquetterie, se montrait souvent sans lunettes.

— Vous m'effrayez un peu, dit Antioche. Enfin, le Major se débrouillera.

— Ah! C'est pour le Major? dit Vidal.

— Vous le connaissez?

— Comme si je l'avais fait. Qui n'a entendu parler du Major? Enfin... Je ne veux pas vous entretenir de mon Chef vénéré plus longtemps parce que je déteste dire du mal des gens. Voulez-vous que je prenne un rendez-vous pour vous, tantôt? A trois heures? Il sera encore là.

— D'accord! dit Antioche. Je reste dans le quartier. Je monterai vous voir avant d'aller chez lui. Au revoir, mon vieux et merci!

— Au revoir! dit Vidal en se levant de nouveau pour lui serrer la main.

Antioche sortit et trébucha sur un garçonnet de cinq à six ans qui galopait dans le couloir comme un onagre dans la pampa canadienne.

C'était un jeune espion engagé par Levadoux pour surveiller Miqueut nuit et jour afin de savoir à quels moments il était possible de s'en aller à l'anglaise, histoire de boire un pot ou de courir le guilledou. Le jour, Levadoux le cachait dans son bureau.

René Vidal, assis de nouveau devant sa table, ramena au soleil l'amas de paperasses qu'il avait enfoui dans le tiroir de gauche.

Cinq minutes après, il entendit un pas de lapin dans le couloir et la porte de Miqueut claqua. Il était revenu.

CHAPITRE VI

Vidal entrouvrit la communication et dit à son Chef :

— Monsieur, j'ai reçu tout à l'heure une visite qui vous était destinée.

— A quel sujet? demanda le Sous-Ingénieur principal.

— Ce M... Tambretambre, je crois, désirait prendre rendez-vous avec vous. Je lui ai proposé tantôt à trois heures. Vous m'aviez dit que vous étiez libre.

— En effet..., dit Miqueut. Vous avez eu raison, mais... en principe, n'est-ce pas, je vous rappelle de toujours me consulter avant de prendre des rendez-vous pour moi. Vous savez que j'ai un emploi du temps très chargé et éventuellement, il aurait pu se faire que je ne sois pas libre; vous comprenez, vis-à-vis de l'extérieur, ce serait d'un très mauvais effet. Nous devons être très prudents. Enfin, cette fois, remarquez bien, je vous approuve, mais à l'avenir, en somme, faites très attention.

— Bien, monsieur, dit Vidal.

— Vous n'avez rien d'autre à me montrer?

— J'ai rédigé sous forme de Nothon l'étude du rapporteur Cassegraine sur la peau de Toutou.

— Parfait. Vous me la montrerez. Pas tout de suite, car j'attends une visite... demain, par exemple.

Il ouvrit son portefeuille et tira une fiche spéciale

sur laquelle il inscrivait le jour, l'heure et le lieu de ses rendez-vous.

— Demain..., marmotta-t-il... Non, le matin, je vais avec Léger au Bureau de Caoutchouc tarabusté et le soir... Mais au fait, ce soir, je ne peux pas recevoir ce visiteur... Voyez-vous, Vidal, je vous disais de ne pas vous engager sans m'avoir consulté. Ce soir, je vais à la maison des Gommeurs à chiquer pour une conférence du Professeur Viédaze. Je ne pourrai pas le recevoir... Le caoutchouc se remue beaucoup, en ce moment.

— Je vais lui téléphoner, alors, dit Vidal, qui n'avait nullement l'intention de le faire.

— Oui, mais, voyez-vous, il aurait mieux valu, en somme, me consulter. Vous comprenez, cela aurait évité une perte de temps, toujours préjudiciable au bon fonctionnement du service...

— Pour quelle date puis-je lui donner rendez-vous? dit Vidal.

Miqueut consulta ses fiches. Un bon quart d'heure s'écoula.

— Eh bien! dit-il, le 19 mars, entre trois heures sept et trois heures treize... Recommandez-lui d'être exact.

On était le 11 février...

CHAPITRE VII

René Vidal s'empressa de ne pas téléphoner. Il ne connaissait pas le numéro d'Antioche et sa proposition visait uniquement à éviter un fastidieux sermon de Miqueut sur la nécessité de demander aux personnes avec qui on est en relation les renseignements nécessaires à une prise de contact qui peut se révéler utile dans certains cas.

Miqueut rouvrit la porte quelques instants après.

— Mon téléphone a l'air démoli, dit-il, c'est assommant. Voulez-vous m'envoyer Levadoux.

— Il vient de sortir de son bureau, monsieur, répondit Vidal (qui savait pertinemment que Levadoux avait dévissé depuis plus d'une heure). Je l'ai entendu.

— Dès qu'il sera là, alors, prévenez-le et envoyez-le-moi...

— Entendu, monsieur, dit Vidal.

CHAPITRE VIII

Pendant ces événements, le Major, vêtu d'un complet pied de poule au riz et portant son chapeau le plus plat, arpentait les allées de son jardin d'un air mélancolique. Il attendait le retour d'Antioche, porteur de la bonne nouvelle.

Le mackintosh le suivait à trois mètres, l'air encore plus mélancolique, en mâchonnant une feuille de papier à cigarettes.

Le Major prêta l'oreille soudain. Il reconnaissait le ronflement caractéristique de la Kanibal-Super d'Antioche, qui se déplaçait toujours à moto : trois longues, trois brèves et un point d'orgue en sol majeur.

Antioche monta les allées à toute vitesse et rejoignit le Major.

— Victoire! cria-t-il. J'ai...

— Tu as vu Miqueut? coupa le Major.

— Non... Mais je le vois ce soir.

— Ah! soupira amèrement le Major. Qui sait?...

— Tu me dégoûtes, dit Antioche. On n'a jamais vu un pareil babu.

— Sois clément, implora le Major. A quelle heure le vois-tu?

— Trois! répondit Antioche.

— Je peux t'accompagner?

— Pas demandé...

— Téléphone, je t'en prie. Je veux venir.

— Hier, tu ne voulais pas.

— Quelle importance? C'était hier..., dit le Major avec un profond soupir.

— Je vais téléphoner..., acquiesça Antioche.

Antioche revint un quart d'heure après.

— D'accord pour que tu viennes! dit-il.

— Je vais me préparer! cria le Major en bondissant dans l'excès de sa joie.

— Pas la peine... C'est seulement pour le 19 mars...

— Merde! conclut le Major. Ils me font suer.

Après coup, il regrettait toujours sa grossièreté.

— Alors, dit-il avec un soupir émouvant, je ne vais pas voir Zizanie avant plus d'un mois...

— Pourquoi? demanda Antioche.

— Promis de ne pas la revoir avant d'avoir demandé sa main à son oncle..., expliqua le Major.

— Promesse stupide! commenta Antioche.

Le mackinstosh, apparemment de cet avis, secoua

la tête d'un air dégoûté en esquissant un « Psssh! » méprisant.

— Ce qui me ronge le tréponème, ajouta le Major, c'est de ne pas savoir ce que fait cette monstrueuse et opiniâtre crapule de Fromental.

— Qu'est-ce que ça peut faire, demanda Antioche, puisqu'elle t'aime?

— Je suis inquiet et perturbé... dit le Major. J'ai peur...

— Tu baisses! dit Antioche, qui se rappelait l'insouciance notoire dont son ami avait fait preuve dans l'épisode périlleux de la poursuite du barbarin.

Et le temps passa...

CHAPITRE IX

Le 16 mars, Miqueut appela Vidal dans son bureau.

— Vidal, lui dit-il, c'est vous qui aviez reçu, je crois, ce M... Tambretambre, je crois, n'est-ce pas? Vous avez dû noter, comme je vous l'ai toujours recommandé, l'objet de sa visite. Préparez-moi donc une petite note... résumant les points essentiels à en retenir et avec, en face, n'est-ce pas, la réponse à faire... vous voyez, en somme... quelque chose de court, mais de suffisamment explicite...

— Entendu, monsieur, dit Vidal.

— Vous comprenez l'intérêt, continua Miqueut, de noter au jour le jour les conversations téléphoniques et tous les comptes rendus de visites que vous pouvez être amené à recevoir, avec un bref résumé des principaux points discutés? Cela vous montre tous les avantages que l'on peut en tirer.

— Oui, monsieur, dit Vidal.

— Ainsi, voyez-vous, il est extrêmement utile de tout enregistrer et de conserver, après une visite comme celle-là, les idées intéressantes que vous pouvez recueillir au cours de la conversation, et de vous constituer un petit dossier personnel, dont vous me donnerez une copie, bien entendu, de manière à ce que je sois au courant de tout ce qui se passe dans le service quand il m'arrive de ne pas être là, et, en somme, euh... c'est très utile.

« Où en êtes-vous de vos affaires, à part cela? poursuivit Miqueut.

— J'ai préparé une quinzaine de projets de Nothons que je vous soumettrai dès que vous aurez une minute... dit Vidal. J'ai aussi quelques lettres pas très urgentes.

— Ah oui! Eh bien, tantôt, si vous voulez, nous en parlerons plus longuement.

— Vous m'appellerez, monsieur, suggéra Vidal.

— C'est ça, mon brave Vidal. Tenez, prenez ces journaux et faites-les circuler... et envoyez-moi Levadoux.

Ce dernier, averti par son espion de la présence de Miqueut dans le secteur, remontait à cet instant l'escalier et parvint à son poste à la seconde même où Vidal ouvrait la porte.

Miqueut le reçut avec effusion, mais à ce moment un coup de téléphone le manda d'urgence au troisième, car l'Ingénieur principal Touchebœuf avait besoin d'un quatrième pour la manille unifiée (suivant les règles du bridge) qui se jouait tous les matins dans le bureau du Directeur général et dont l'enjeu était une série de projets de Nothons dont on se disputait l'attribution.

Levadoux regagna son bureau, l'air furieux. Vidal l'intercepta au passage.

— Qu'est-ce qui ne va pas, mon vieux? lui demanda-t-il.

— Il m'embête! répondit Levadoux. Pour une fois que j'étais là, il fout le camp juste au moment où nous allions commencer.

— C'est vraiment un embêteur! approuva Emmanuel, qui, ayant entendu Miqueut s'en aller, arrivait par hasard.

— Oui, il nous embête, conclut avec énergie Victor, dont les lèvres pures n'eussent, malgré cette énergie, pu éjaculer un mot plus indécent. Mais, au fond, c'est très agréable, d'être embêté. C'est beaucoup moins fatigant que de s'embêter tout seul.

— Vous êtes un sale capitaliste! dit Vidal. Mais votre tour viendra.

René Vidal et Victor Léger sortaient de la même école et en profitaient fréquemment pour échanger de petits mots aimables.

Ils se séparèrent, car des secrétaires entraient dans le bureau de Miqueut pour faire le classement et l'on devait, par prudence, se méfier des bavardages.

Levadoux consulta son bloc, constata que, selon toutes probabilités, Miqueut ne reviendrait pas avant une heure, et dévissa.

Cinq minutes après, son chef, revenu en trombe

pour cause d'interruption inopinée de la manille, entrouvrait la porte de Vidal.

— Levadoux n'est pas là? demanda-t-il avec un sourire utérin.

— Il vient de sortir de son bureau, monsieur. Je crois qu'il est allé rue du Trente-neuf-Juillet.

C'est une annexe du C.N.U.

— C'est ennuyeux! dit Miqueut.

En valeur absolue, c'était d'autant plus ennuyeux que complètement faux.

— Envoyez-le-moi dès qu'il sera là, conclut Miqueut.

— Entendu, monsieur, dit Vidal.

CHAPITRE X

Le 19 mars tombait, comme par hasard, un lundi.

A neuf heures moins le quart, Miqueut rassembla ses six adjoints autour de lui pour le conseil hebdomadaire.

Lorsqu'ils furent installés, formant un demi-cercle attentif, chacun tenant un crayon ou un stylo de la main droite, et sur son genou gauche, un feuillet vierge destiné à emmagasiner par écrit le fruit du prolifique travail cérébral de Miqueut, celui-ci gratonna au fond de son gosier pour s'éclaircir la voix et commença en ces termes :

— Eh bien! euh... Je voudrais vous parler aujourd'hui d'une chose importante... de la question du téléphone. Vous savez que nous n'avons que quelques

lignes à notre disposition... bien entendu, quand le
C.N.U. se sera agrandi, lorsque nous serons suffisamment connus et que nous occuperons une place
en rapport avec notre importance, par exemple un
arrondissement de Paris, ce qui est prévu d'ailleurs
quand nos finances seront meilleures... ce qui, je
l'espère, arrivera bien un jour... euh... cela étant,
alors que... étant donné, en somme, l'intérêt de notre
action... n'est-ce pas, en somme, je vous recommande
de n'utiliser le téléphone qu'avec la plus grande discrétion, et, en particulier, pour vos communications
personnelles... Remarquez bien, d'ailleurs, que je vous
dis cela en général... Dans notre service on n'exagère
pas, mais on m'a cité le cas d'un ingénieur, dans un
autre service, qui a reçu en un an deux communications personnelles, ...eh bien, en somme, c'est exagéré.
Ne téléphonez que si c'est strictement nécessaire, et
le moins longtemps possible. Vous comprenez que,
quand on nous téléphone de l'extérieur, les organismes officiels particulièrement, et ceux en général
dont on a intérêt à se concilier les bonnes grâces, et,
que, en somme, il n'y a pas de ligne, eh bien! cela
fait mauvais effet... et en particulier s'il s'agit du
Commissaire Requin. Aussi, je voulais attirer votre
attention sur ce que... de... enfin... l'intérêt actuel
est de ne pas abuser du téléphone, sauf, bien entendu,
pour les cas urgents et ceux où il est indispensable de
l'utiliser... Par ailleurs, vous n'ignorez pas que si une
communication téléphonique est moins chère qu'une
lettre ordinaire, elle devient plus chère dès qu'elle
excède une certaine durée et que finalement, un coup de
téléphone finit par compter dans le budget du C.N.U.

— On pourrait, proposa Adolphe Troude, utiliser des pneumatiques pour dégonfler les lignes...

— Vous n'y songez pas, protesta Miqueut, un pneumatique coûte trois francs; non, voyez-vous, c'est impossible. En somme, ce qu'il faut, je vous le rappelle, c'est faire très attention.

— Et puis, insista Troude, les téléphones marchent très mal et c'est empoisonnant de ne pas en avoir quand ils sont détraqués. Il y en a certains qu'il faudrait changer, ou arranger, tout au moins.

— En principe, dit Miqueut, je ne vous donne pas tort, mais vous vous rendez bien compte des frais que cela occasionnerait, étant donné, n'est-ce pas... en somme, le plus simple, voyez-vous, c'est de réduire le plus possible d'une part la durée, et d'autre part la fréquence des communications... de manière à ce que, en somme, tout le monde puisse y arriver.

— Vous ne voyez rien d'autre, continua-t-il, dont nous puissions nous entretenir sur cette même question?

— Il y a, dit Emmanuel, la question des secrétaires...

— Ah! oui, dit Miqueut, j'y arrivais justement.

La sonnerie du téléphone extérieur retentit. Il décrocha.

— Allô? dit-il. Oui, c'est moi. Ah! C'est vous, Monsieur le Président... Mes respects, Monsieur le Président.

Du geste, il réclama la patience de ses adjoints.

L'autre, au bout du fil, vocalisait si fort que l'on put saisir au vol une bribe de conversation : « eu du mal à vous avoir... »

— Ah! Monsieur le Président, s'exclama Miqueut, à

qui le dites-vous! Voyez-vous, notre nombre actuel de lignes est tout à fait insuffisant pour notre importance...

Il s'arrêta pour écouter.

— Justement, Monsieur le Président, reprit-il, cela vient de ce que le C.N.U. est un organisme qui a grandi trop vite et dont le développement extérieur, si j'ose dire, n'a pas suivi... Nous sommes en pleine crise de croissance... hin! Hin!

Il se mit à glousser comme une poule hermaphrodite qui aurait échangé trois os de seiche contre un couffin de dattes.

— Hin! Hin! Hin! reprit-il, à une nouvelle remarque de son interlocuteur. Vous avez absolument raison, Monsieur le Président.

— ... Je vous écoute, Monsieur le Président.

Il se mit alors à proférer, à intervalles réguliers, des « Ouin, Monsieur le Président » compréhensifs, en inclinant chaque fois légèrement la tête, par déférence sans doute, et en se grattant de la main gauche, la face interne des cuisses.

Au bout d'une heure sept, il fit signe à ses adjoints de s'en aller, comptant reprendre le conseil plus tard. Troude se réveilla en sursaut sous la poussée d'Emmanuel, et Miqueut resta seul avec son téléphone en main. De temps à autre, il plongeait la senestre dans son tiroir pour en extirper une côtelette, une biscotte, un rond de saucisson, et divers ingrédients qu'il mâchonnait en écoutant...

Dans l'après-midi du même jour, à trois heures moins cinq, Antioche Tambretambre descendit de sa Kanibal, et pénétra dans le Consortium. Du sixième, René Vidal entendit le bruit sourd du moteur de l'ascenseur, qui faisait vibrer tout le bâtiment. Il se prépara à se lever pour accueillir le visiteur.

Arrivé au terme de sa course, Antioche enfila le couloir étroit qui desservait les bureaux du sixième et s'arrêta devant la deuxième porte à gauche, qui portait le numéro 19. Il n'y avait que onze locaux à l'étage, mais leur numération commençait à 9, sans que personne ait jamais compris pourquoi.

Il frappa, entra, et serra affectueusement la main de Vidal, vers qui il se sentait attiré par une sympathie irrésistible.

— Bonjour! dit Vidal, ça va?

— Pas mal, merci, répondit Antioche. Peut-on voir le Sous-Ingénieur principal Miqueut?

— Le Major ne devait-il pas vous accompagner? demanda Vidal.

— Si, mais au dernier moment, il s'est dégonflé.

— Il a aussi bien fait, dit Vidal.

— Pourquoi?

— Parce que, depuis neuf heures vingt-deux, ce matin, Miqueut est en train de téléphoner.

— Bigre! dit Antioche, admiratif. Mais il va bientôt avoir fini?

— On va voir! dit Vidal.

Il se dirigea vers la porte du bureau de Victor et
Levadoux.

Victor, tout seul, écrivait.

— Levadoux n'est pas là? demanda Vidal.

— Il vient de sortir de son bureau, dit Léger. Je ne
sais pas où il est.

— Compris! dit Vidal. Ne vous foulez pas avec moi.
Il revint à Antioche.

— Levadoux n'était pas là, il y a une faible
chance pour que Miqueut s'arrête de téléphoner et le
demande, mais rien n'est moins certain. Je ne veux pas
vous le cacher.

— J'attends un quart d'heure, dit Antioche, et je
m'en vais.

— Qui vous presse? demanda Vidal. Restez avec
nous.

— Je suis, dit Antioche, absolument obligé d'aller
voir mon dentiste, avec lequel j'ai rendez-vous.

— Il aime les jolies cravates... remarqua innocem-
ment Vidal en lorgnant, d'un air approbateur, le cou
d'Antioche.

Elle était de foulard bleu ciel à petits dessins rouges
et noirs.

— Vous l'avez dit! approuva Antioche en rougissant
à peine.

Ils bavardèrent encore quelques minutes et Antioche
s'en alla.

Miqueut téléphonait toujours.

Antioche vint aux nouvelles le lundi suivant, aux alentours de dix heures et demie.

— Bonjour, mon vieux! clama-t-il en pénétrant dans le bureau de René Vidal. Mais excusez-moi, je vous dérange...

Vidal trônait à son bureau, entouré des cinq autres adjoints.

— Entrez donc! justement il en manque un! dit-il.

— Je ne comprends pas... dit Antioche... Miqueut téléphone toujours?

— Tout juste! gloussa Léger.

— Et c'est pourquoi, enchaîna Adolphe Troude, nous tenons notre conseil hebdomadaire.

Levadoux, qui semblait une réincarnation de Miqueut, prit la parole.

— Je voudrais... euh... aujourd'hui, vous entretenir d'une question qui m'a paru assez importante pour faire l'objet d'un de nos petits entretiens hebdomadaires... c'est la question du téléphone.

— Ah! non, la barbe! dit Troude. Y en a marre.

— Eh bien! dit Vidal, ne perdons pas de temps et allons droit au but : Venez-vous boire un pot?

— Pas envie de descendre... dit Emmanuel.

— Alors, continuons à nous embêter, dit Léger.

— Non, que diriez-vous, proposa Vidal, d'un concours littéraire? de fables express par exemple.

— Allez-y, placez-la... suggéra Troude.

— « Un seul être vous manque, et tout est dépeuplé »..., déclama Vidal.

— C'est pas de vous! assura Léger.

— Moralité? continua Vidal...

Un silence suivit.

— Concentrique!... susurra-t-il simplement.

Victor rougit et se gratta la moustache.

— Vous en avez d'autres? demanda Pigeon.

— On va vous trouver ça! dit Vidal.

— « Un cheval, mal ferré, d'un fer plein de défauts,
Fit des trous dans la route en allant au galop. »

Moralité :

« Tel fer, telle piste. »

— Approuvé à l'unanimité! dit Pigeon, résumant en ces trois mots, toute l'approbation de l'assemblée.

— Mais tout de même, poursuivit-il après un silence qui s'interrompit cinq minutes plus tard, c'est fou, ce qu'on s'embête... pas vrai, Levadoux?

Il se tourna du côté de ce dernier et constata qu'il avait dévissé.

CHAPITRE XIII

Le 19 juin à seize heures, trois mois jour pour jour après cette visite d'Antioche, Miqueut reposa le récepteur.

Il était content, il avait fait du bon travail et réussi à

mettre au point deux projets de circulaires à envoyer à l'Union Française des Adoucisseurs de pente, concernant les rondelettes à camemberts.

Entre-temps, il y avait eu la guerre et l'occupation, ce dont il ne pouvait pas encore se soucier, puisqu'il l'ignorait. L'envahisseur avait en effet laissé intact le réseau téléphonique de Paris.

Le siège du C.N.U. était également intact.

Les collaborateurs, collègues et chefs de Miqueut, s'étaient repliés en province sans s'occuper de lui, car on savait qu'il aimait bien partir le dernier et depuis deux jours, ils revenaient les uns après les autres. De la sorte, Miqueut ne se rendit pas compte de leur absence momentanée.

Cependant, il était temps que la guerre finît, ou tout au moins que les hostilités officielles s'arrêtassent, car, durant ces trois mois, il avait terminé les provisions qui s'entassaient dans son tiroir, en les grignotant machinalement, suivant son habitude.

Seul de tous, René Vidal n'était pas encore de retour quand, à seize heures quinze, Miqueut entrouvrit la porte de communication de leurs deux bureaux. Il grimpait péniblement l'escalier à ce moment-là car il venait à pied d'Angoulême et commençait à souffler.

Il entra au moment précis où Miqueut, ayant promené un coup d'œil circulaire, allait refermer la porte.

— Bonjour, monsieur, dit poliment Vidal. Vous allez bien?

— Très bien, Vidal, merci, dit Miqueut, en regardant sa montre avec une discrétion de gorille. Votre métro a eu du retard?

Vidal comprit en un éclair que le coup de téléphone

de Miqueut avait duré plus longtemps que prévu. Il contre-attaqua :

— Il y avait une vache sur la voie, expliqua-t-il.

— Ces employés du métro sont extraordinaires! dit Miqueut avec conviction. Ils pourraient surveiller leurs animaux. Néanmoins, cela n'explique pas votre retard... Il est seize heures vingt et vous devriez être là depuis treize heures trente. Une seule vache, voyons!

— La vache n'a pas voulu s'en aller, assura Vidal. Ces animaux sont très entêtés.

— Ah! dit Miqueut, ça, c'est vrai. On aura du mal à les unifier.

— Le métro a été obligé de la contourner, conclut Vidal, et cela prend du temps.

— Je comprends! dit Miqueut, il me semble, à ce propos, que l'on pourrait unifier un système de voies qui permettrait d'éviter ce genre d'accidents. Faites-moi donc une petite note là-dessus...

— Entendu, monsieur.

Et, oubliant la raison pour laquelle il était entré, Miqueut regagna sa bauge.

Il rouvrit la porte cinq minutes après.

— Notez bien, Vidal, que ce que je vous signalais, l'importance d'arriver aux heures exactes, ce n'est pas tant pour... vous comprenez, que pour la discipline. Il faut se plier à une discipline, et, vis-à-vis du petit personnel, nous devons nous conformer aux horaires stricts; en somme, voyez-vous, il faut faire très attention d'être exact, surtout en ce moment, avec ces bruits de guerre, et nous qui sommes plus particulièrement destinés à être des chefs, en somme, nous devons plus que les autres, donner l'exemple...

— Oui, monsieur, dit Vidal avec un sanglot dans la voix, je ne recommencerai plus jamais.

Il se demandait qui étaient les « autres » et aussi ce que dirait Miqueut en apprenant l'armistice.

Puis il se remit à la confection d'un projet de Northon des balayeurs municipaux, avec moustache, qu'il avait abandonné en partant faire la guerre dans les pâtisseries d'Angoulême. (Il était trop jeune et trop puceau pour la faire dans les bistrots comme des officiers supérieurs.)

Ce faisant, il prenait soin de laisser au beau milieu de chaque page une grosse bourde à corriger, que Miqueut apercevrait probablement dès la première heure de l'examen approfondi qu'il ferait subir au projet et qui lui serait prétexte à d'agréables digressions sur l'appropriation des termes de la langue française à la pensée que l'on désire exprimer dans une phrase et des conséquences à en déduire notamment en ce qui concerne la mise au point d'un projet de Nothon.

CHAPITRE XIV

Une semaine s'écoula et le Consortium commença de reprendre sa vie normale. Le Sous-Ingénieur principal Miqueut fit, coup sur coup, poser neuf sonnettes nouvelles derrière son fauteuil, contre le mur, pour pouvoir appeler, grâce à d'ingénieuses combinaisons de timbres et de fréquences de coups, toutes les dactylos de l'étage. Ce système admirable lui procurait de vastes joies intérieures.

Il apprit également durant cette période, les événements extraordinaires qui s'étaient produits pendant son coup de téléphone : la guerre, la défaite, le rationnement sévère, sans manifester d'autres soucis que celui, rétrospectif, d'avoir vu ses documents courir les terribles dangers du pillage, du saccage, de l'incendie, de la destruction, du vol, du viol et du massacre. Il s'empressa de cacher un pistolet à bouchon dans le bouton de porte de sa cuisine et s'estima dès lors digne de donner à tout moment son avis de patriote.

Cependant, malgré que Miqueut reçût des colis de la campagne, tout n'allait pas parfaitement pour les autres. La vie avait excessivement renchéri et les dactylos des adjoints de Miqueut qui gagnaient au bas mot douze cents francs par mois, et maigrissaient de jour en jour, demandaient des augmentations.

Miqueut les convoqua donc, l'une après l'autre, dans son bureau, histoire de les sermonner un brin.

— Voyons, dit-il à la première, il paraît que vous vous plaignez de ne pas gagner assez? Mais mettez-vous bien dans la tête que le C.N.U. n'a pas les moyens de vous payer plus cher.

(Le C.N.U. recevait depuis peu une subvention des Khomités de Désorghanisation qui s'élevait à plusieurs millions.)

— Mettez-vous bien aussi dans la tête, reprit le Sous-Ingénieur principal, que, proportionnellement, vous gagnez plus que moi.

(C'était certain si l'on tenait compte du nombre

d'heures supplémentaires passées par lui à se vautrer dans sa paperasse et à introniser les mouches à propos de points d'exégèse... disons contestables.)

— Vous n'avez d'ailleurs qu'à vous marier! poursuivait Miqueut, si son interlocutrice se trouvait d'être pucelle. Vous verrez alors que vous gagnez bien assez.

(Lui, depuis qu'il était marié, faisait d'intéressantes économies : reprisage des chaussettes gratuit, tambouille à domicile sans femme de ménage, si difficile, bonne excuse, à trouver. La pénurie causée par la guerre allait lui permettre d'user ses chaussures jusqu'à l'empeigne et de rester sale sans courir le risque de se voir taxé de ladrerie. En bref, Miqueut se négligeait et se montrait de moins en moins représentatif. Il économisait pour s'acheter une boîte à Nothons en argent galvanisé.)

La secrétaire ainsi mise à l'aise, Miqueut lui jetait à la figure en quelques minutes toutes les gaffes ou erreurs qu'elle avait pu commettre depuis son arrivée au Consortium. Tout était soigneusement commenté; après quoi il expulsait la patiente en pleurs et passait à la suivante.

Ayant expédié la série, et donné à deux sur douze la promesse d'une augmentation massive d'au moins deux cents francs, Miqueut se carra dans son fauteuil, satisfait, et se mit en devoir d'examiner un volumineux dossier en attendant que son vieil ennemi Touchebœuf le convoquât chez le Directeur général pour la manille unifiée.

La guerre, Miqueut allait s'en rendre compte à ses dépens, avait bouleversé bien des choses. Les sténos-dactylos, raflées à prix d'or par les Khomités de Désorghanisation, se raréfiaient sur le marché et ne se vendaient qu'au plus offrant, comme doit le faire toute denrée consciente et avertie de sa valeur. Ces belles du clavier relevaient la tête, fières de leur nécessité; c'est ainsi que le lendemain de l'algarade de Miqueut, onze sur douze des réprimandées démissionnèrent avec ensemble.

Miqueut maugréa contre l'attitude ingrate de ses subordonnés et téléphona d'urgence au Chef du Personnel, personnage grisonnant, mal rasé, nommé Cercueil et dont la situation particulière — il était en même temps secrétaire du Directeur général — rendait le maniement malaisé.

— Allô? dit Miqueut. Ici, M. Miqueut. C'est M. Cercueil?

— Bonjour, monsieur Miqueut, dit M. Cercueil.

— Il me faudrait d'urgence onze secrétaires! Toutes les miennes sont parties sauf Mme Lougre. Vous les aviez sans doute mal choisies.

— Vous ne savez pas pourquoi elles sont parties?

— Elles s'entendaient mal avec mes adjoints et se disputaient tout le temps entre elles, mentit effrontément Miqueut.

Cercueil, qui n'était pas dupe, émit un soupir de « Pacific » qui démarre.

— On va tâcher de vous en trouver d'autres... dit-il. Provisoirement, je vais vous envoyer quelques jeunes filles qui viennent d'entrer dans nos services annexes.

Cercueil prenait soin de donner à Miqueut les sténos les plus médiocres car il ne tenait pas à voir partir toutes les bonnes. Il avertissait d'ailleurs les nouvelles arrivantes :

— Je vais vous mettre dans un service très intéressant, mais... assez délicat, le service de M. Miqueut. Mais, bien entendu, n'est-ce pas, si vous ne vous y plaisez pas, ne quittez pas le Consortium pour cela, venez me trouver, je vous changerai de service.

Rien n'y faisait. Miqueut eût rebuté un bouc. Il avait autrefois fait partir trente-sept secrétaires en deux mois et, sans le providentiel coup de téléphone du Président, qui l'avait un peu neutralisé, ce nombre se fût trouvé beaucoup plus élevé.

Les adjoints se réunirent dans le bureau de René Vidal.

— Alors, dit ce dernier, on est en vacances?

— Pourquoi? demanda Léger.

— On n'a plus de dactylos, lui expliqua Emmanuel.

— Eh bien! dit Léger, ça n'empêche pas de travailler.

— Ça n'empêche rien, pas même de dire des stupidités, à ce que je vois, commenta aimablement Vidal.

— On n'a plus qu'à dévisser! dit Levadoux.

— Tout de même, dit Emmanuel, c'est fou ce qu'on s'embête.

— Que voulez-vous, dit Vidal, au fond on s'embêterait autant ailleurs et on y serait peut-être moins peinards. Le seul ennui, ici, c'est Miqueut.

— C'est vrai, s'écrièrent en chœur les trois autres. Léger, faisait un sol, Emmanuel un mi et Levadoux un do dièze. Marion dormait dans son bureau et Adolphe Troude était au Comité du Papier.

Le téléphone intérieur rompit l'harmonie.

— Allô! dit Vidal. Bonjour, mademoiselle Alliage... Oui, faites-le monter.

— Les gars, ajouta-t-il, en se retournant vers ses collègues, excusez-moi, j'ai une visite.

C'était Antioche Tambretambre. Et cinq minutes plus tôt, Miqueut venait de descendre à la manille.

CHAPITRE XVI

Antioche éprouvait une violente émotion en entrant dans le bureau de Vidal à l'idée de voir enfin Miqueut. Durant les trois mois de guerre qui venaient de s'écouler, il avait combattu aux côtés du Major. Ils avaient défendu à eux seuls, pendant huit jours, un café sur la route d'Orléans. Barricadés à la cave, munis de deux fusils Gras et de cinq cartouches dont pas une ne pouvait entrer dedans, ils avaient maintenu leur position grâce à des prodiges de courage et pas un ennemi n'était parvenu jusqu'à eux. Ils burent pendant ces huit jours toutes les réserves du bistrot et ne mangèrent pas un gramme de pain. Ils ne se rendirent à aucun prix. D'ailleurs, personne n'osa les attaquer, ce qui leur facilita la victoire, mais leur performance n'en était pas moins éclatante, et leur avait valu la Croix de guerre avec palmes, qu'ils portaient fièrement en bandoulière, s'éventant avec les palmes.

Antioche et Vidal se serrèrent la main avec effusion, heureux de se retrouver après ces horribles événements.

— Tu vas bien? dit Vidal.

— Et toi? répondit Antioche.

D'un commun accord, ils se tutoyaient.

— Miqueut est là? demanda Antioche.

— Il est au rapport...

— Que les coyotes lui crachent au visage! beugla Antioche furieux.

— Ils ne vont pas gaspiller leur salive pour ça... estima Vidal.

— Tu peux lui redemander un rendez-vous? dit Antioche.

— Volontiers, dit Vidal. Quand?

— La semaine prochaine, si possible... ou plus tôt? mais je n'ose espérer.

— Qui sait? conclut René Vidal.

CHAPITRE XVII

Emmanuel avait tellement peigné la girafe, ce matin-là, que la pauvre bête en était morte. Des touffes de ses poils traînaient un peu partout, et son cadavre, dont on avait fait passer la tête par la fenêtre, pour pouvoir circuler, gisait sous le bureau d'Adolphe Troude, qu'encombraient déjà quatre tonnes d'engrais divers, logés dans de petits sacs de toile, car cet estimable individu s'adonnait à la culture maraîchère dans son jardin de Clamart.

Emmanuel se consola en dévorant un croûton de pain et après s'être tâté à plusieurs endroits, se décida à frapper à la porte de son chef qui, par hasard, se trouvait là.

— Entrez, dit Miqueut.

— Puis-je vous parler une minute? dit Emmanuel.

— Mais... je vous en prie, monsieur Pigeon... asseyez-vous, j'ai quatre minutes au moins à vous consacrer...

— Je voudrais vous demander, dit Emmanuel en entrant, si je pourrais avoir l'autorisation de prendre mon congé trois jours plus tôt.

— Vous deviez partir le 5 juillet? dit Miqueut.

— Oui, répondit Emmanuel, et je voudrais partir le 2.

C'était une idée qui lui était venue comme ça en voyant sa girafe morte.

— Écoutez, monsieur Pigeon, dit Miqueut, en principe, n'est-ce pas, je ne demande pas mieux que de vous donner satisfaction..., mais cette fois, j'ai peur que ce que vous me demandez ne soit assez difficile. Ce n'est pas que... vous comprenez, je désire le moins du monde vous empêcher de prendre votre congé plus tôt... mais maintenant que la note de service est faite, je voudrais savoir vos raisons... afin de pouvoir constater qu'elles sont valables... je n'en doute d'ailleurs nullement, mais pour le principe, n'est-ce pas, il vaut mieux me le dire.

— Écoutez, monsieur, dit Emmanuel ce sont des raisons personnelles et il me serait difficile de vous donner des détails. Je ne vous ai jamais dissimulé quoi que ce soit, mais à mon avis, cela n'a aucun rapport avec le travail et il est absolument inutile que je me perde dans des explications qui n'ont aucun intérêt pour vous.

— Naturellement, mon brave Pigeon, je n'en doute pas, mais, vous comprenez, vis-à-vis des autorités occupantes, nous devons être très prudents. Il faut qu'à tout instant on puisse contrôler que tout le personnel est bien là, et vous savez qu'une constatation du genre de celle qui serait susceptible de se produire si par exemple vous partiez comme vous le demandez plusieurs jours avant la date normale pour des raisons qui sont naturellement... euh... qui sont... euh, excellentes, mais que... en somme, que je ne connais pas... et qui... que... enfin, vous voyez l'inconvénient de ne pas se contraindre à une discipline sévère. Et à ce propos, n'est-ce pas, c'est comme pour les heures de présence... remarquez, je ne dis pas cela pour vous, mais dans la vie, il faut être discipliné et arriver à l'heure, c'est une condition essentielle pour se faire respecter par le petit personnel, qui, si... quand... dans les cas où... par hasard, si vous étiez absent de votre bureau, aura toujours tendance à en prendre à son aise et ainsi vous voyez que, en somme, pour votre congé, c'est un peu la même chose et remarquez bien que je ne vous dis pas non, mais je vous demande de bien examiner le problème à la lueur de ces quelques observations, et par ailleurs, votre travail est-il bien à jour?

Il y eut un silence.

Et puis, pendant une pleine heure de pendule, Emanuel dit ce qu'il avait sur le cœur.

Il dit comme cela le dégoûtait d'être toujours franc et de ne rencontrer que des gens hypocrites, et que dans sa place précédente, cela avait déjà été la même chose.

Il dit que faire du zèle, ça n'était pas son genre, et lécher les pieds non plus...

Il dit qu'il avait l'habitude de dire ce qu'il pensait et que si Miqueut trouvait qu'il n'en faisait pas assez, il n'avait qu'à le dire. Il ajouta que d'ailleurs il n'en ferait pas plus pour ça. Parce qu'il faisait déjà ce qu'il pouvait.

Il en disait toujours, et Miqueut ne répondait rien.

Et, à la fin, quand il se fut arrêté, Miqueut prit la parole.

Et dit :

— En somme, vous n'avez pas tort, en principe, mais il se trouve que cette année, justement, je prends mon congé un peu anticipé, et je ne serai pas de retour avant le 5 juillet et, en somme, vous comprenez, il me serait difficile de vous laisser partir avant mon retour parce que vous êtes le seul à être au courant, n'est-ce pas, pour vos commissions, et il faut que pendant mon absence, il y ait quelqu'un au courant pour la question des passoires à nougat, parce que, vis-à-vis de l'extérieur, si quelqu'un téléphonait, il faut que le service puisse répondre, n'est-ce pas... vous voyez, en somme...

Et lui fit un beau sourire, lui passa la main dans le dos et le renvoya dans son bureau.

Car il attendait la visite d'Antioche Tambretambre.

CHAPITRE XVIII

Alors, Emmanuel rentra dans son bureau. Il saisit son saxophone et émit un si bémol grave d'une intensité sonore de neuf cents décibels.

Et puis, il s'arrêta, avec l'impression que son poumon gauche prenait la forme du nombre 373.

Il se trompait d'une unité.

Miqueut ouvrit la porte et dit :

— Vous comprenez, Pigeon, en principe, il faut éviter, pendant les heures de présence... euh... enfin, vous voyez, en somme... autre chose... Je voulais vous dire de me préparer une petite note dans laquelle vous m'indiquerez avec précision... euh... les réunions que vous pourriez tenir avant mon départ... avec l'indication approximative de l'époque à laquelle vous envisageriez de les faire, la liste succincte des personnalités susceptibles d'être convoquées, l'ordre du jour approché... pas de détails, bien entendu, un petit topo de douze à quinze pages par réunion me suffit amplement... Alors, je voudrais cette note pour dans... une demi-heure? mettons... Ce n'est rien à faire... Il vous faut cinq minutes pour ça... Bien entendu, ajouta-t-il en se tournant vers Adolphe Troude, la même chose pour vous et Marion...

— Entendu, monsieur, dit Troude.

Pigeon ne dit rien.

Marion dormait.

Miqueut referma sa porte et rentra dans son bureau.
Antioche attendait dans le bureau de Vidal depuis
une heure et quart. Le Major était avec lui.

Entendant Miqueut se rasseoir, ils sortirent vivement dans le couloir et vinrent frapper à sa porte.

— Entrez, dit Miqueut.

CHAPITRE XIX

Au moment de pénétrer dans la cage du Sous-
Ingénieur principal, Antioche fut heurté par Adolphe
Troude qui, sorti en coup de vent sitôt le départ de
Miqueut, revenait en ployant sous le faix d'un énorme
sac de toile bise. Antioche et le Major lui laissèrent le
passage libre et Troude disparut au tournant du couloir. Cinq secondes après, un choc sourd ébranla le
bâtiment.

Impressionné, le Major s'enfuit dans le bureau de
Vidal laissant son ami affronter seul l'oncle de sa
bien-aimée.

— Bonjour, monsieur, dit Miqueut, en se soulevant
légèrement et en montrant une rangée de dents ternes
au milieu d'un sourire grimaçant.

— Bonjour, monsieur, répondit Antioche. Vous
allez bien?

— Merci, et vous-même? dit Miqueut. Mon adjoint,
M. Vidal, m'a parlé de votre visite, mais il ne m'a pas
dit exactement de quoi il s'agissait...

— C'est une question assez spéciale, dit Antioche...

Voici en peu de mots ce dont il s'agit. Au cours d'une réunion...

— De quelle commission? interrompit, intéressé, Miqueut.

— Vous vous méprenez, dit Antioche, qui commençait à se sentir gêné à cause de l'odeur. Cela lui faisait perdre son sang-froid et une inquiétude humide lui léchait les tempes. Il se reprit et continua : Au cours d'une surprise-party chez mon...

— Je vous arrête tout de suite, dit le baron, et me permettrai de vous faire remarquer que, du point de vue de l'unification, il est regrettable d'employer des termes qui ne sont pas parfaitement définis et en tout cas, les termes étrangers devraient autant que possible être prohibés. C'est ainsi que, au Consortium, nous avons été amenés à créer des commissions spéciales de terminologie qui s'occupent, dans chaque domaine, de résoudre tous ces problèmes, qui sont très intéressants, n'est-ce pas et que, en somme, dans chaque cas particulier, nous nous efforçons de résoudre en nous entourant, bien entendu, de toutes les garanties possibles, de manière à ce que, en somme, on ne nous raconte pas de boniments. C'est pourquoi, à mon avis, il vaudrait mieux employer un autre terme que celui de surprise-party... et d'ailleurs, par exemple, dans cette maison même, nous employons ordinairement le mot « unification » qui a été créé à cet effet et qui est préférable, en ce sens que... euh... et non pas le terme anglais « unification » dont malheureusement trop souvent les intéressés et ceux-là même qui devraient, en somme, s'efforcer de respecter scrupuleusement les règles de l'unification... euh... n'est-ce pas, l'emploient, alors qu'il existe un mot français. Il est toujours préférable de ne pas utiliser des termes dont l'emploi peut, dans certains cas, ne pas se trouver justifié.

— Vous avez raison, monsieur, dit Antioche; et je suis parfaitement de votre avis, mais je ne vois pas quel terme français pourrait rendre exactement le composé : surprise-party.

— Eh bien, c'est là que je vous arrête! dit Miqueut. Justement, il nous est déjà arrivé, au cours de nos travaux, de rencontrer des termes impropres, ou susceptibles de prêter à confusion et de donner lieu à des interprétations différentes suivant les cas. Plusieurs de nos Commissions se sont attachées à ces problèmes, qui sont délicats, il faut le reconnaître et... euh... n'est-ce pas, les solutions trouvées, sont, en général, satisfaisantes... Nous avons par exemple, dans un domaine aussi différent de celui-ci que peut l'être celui des chemins de fer, cherché un équivalent au mot anglais « wagon ». Nous avons réuni une Commission technique et après un an de recherches, ce qui est peu si l'on considère que les tirages de documents, les réunions et l'enquête publique à laquelle nous soumettons nos projets de Nothons abrègent notablement la durée effective des travaux, en somme, nous avons abouti à l'unification du terme « voiture »... Eh bien! n'est-ce pas, le problème est analogue ici, et nous pourrions, je crois, le résoudre de la même façon.

— Évidemment, dit Antioche, mais...

— Bien entendu, dit Miqueut, nous sommes à votre disposition pour tous renseignements qui vous seraient utiles concernant le fonctionnement de nos commissions. D'ailleurs, je vais vous faire remettre une pochette de documentation sur les Nothons et vous pourrez ainsi vous tenir...

— Excusez-moi de vous interrompre, dit Antioche, mais la question dont je voulais vous entretenir ne me concerne pas spécialement... J'avais amené un de mes amis et si vous le permettez, je vais le prier de venir...

— Faites donc, je vous en prie! dit Miqueut. Ainsi, c'est lui qui rédigerait la petite étude préliminaire qui pourrait servir de base à nos travaux?

Antioche ne répondit pas et fit entrer le Major.

Après les politesses réglementaires, Miqueut poursuivit, s'adressant au Major :

— Votre ami m'a exposé le but de votre visite et je trouve votre proposition extrêmement intéressante. Cela va nous faire une série de projets de Nothons que nous pourrions présenter à la Commission compétente d'ici... mettons trois semaines... Je pense que vous pourriez nous adresser votre première étude dans une huitaine, ce qui nous laisserait le temps, n'est-ce pas, de procéder aux tirages nécessaires...

— Mais... commença le Major.

— Vous avez raison, dit Miqueut, mais je crois que, en premier lieu, nous pouvons nous contenter de la terminologie, qui est la base de toute nouvelle étude... le Nothon de produit viendrait après... ce qui nous laisserait le temps d'avoir les échanges de vues nécessaires avec les personnalités susceptibles d'être intéressées par ce projet.

La sonnerie du téléphone intérieur tinta...

112

— Allô... dit Miqueut. Oui!... Non, pas maintenant, j'ai une visite... Ah! oui? écoutez, c'est très ennuyeux, mais je ne peux pas... Oui... le plus tôt possible...

Il enveloppa Antioche et le Major d'un regard venimeux et chargé de reproche.

Eux, qui avaient compris, se levèrent avec ensemble.

— Alors, monsieur, dit Miqueut, rasséréné, en se tournant vers le Major, je suis très heureux de cette euh... prise de contact et j'espère, n'est-ce pas, que nous pourrons mener à bien cette étude assez rapidement... Au plaisir, monsieur... Au revoir, monsieur, dit-il à Antioche, au plaisir.

Il les raccompagna jusqu'à la sortie, revint précipitamment sur ses pas pour faire pipi, puis s'en fut retrouver le Directeur général...

Antioche et le Major descendirent l'escalier et se perdirent dans la foule...

CHAPITRE XX

Au trente et un de la rue Pradier, nul chant d'oiseau ne retentissait dans les lavabos, nul grillon ne fredonnait en sourdine *La femme du roulier*, nulle fleur ne déployait son éventail multicolore pour capturer l'imprudent chéchaquo ailé et le mackintosh lui-même avait replié sa queue en huit parties inégales, laissant pendre sa mâchoire inférieure jusqu'à terre tandis que de grosses larmes roulaient dans ses orbites caves.

113

Le Major travaillait à son projet de Nothon.

Il était seul, dans sa bibliothèque, assis en tailleur sur une carpette d'été en lapis-lazuli, d'un beau jaune orange. Il avait revêtu le traditionnel costume des Arabes : pipe en os, lévite en tussor, turban compresseur et sandales de mouton brut de fonderie. Le menton dans la main droite, la chevelure en bataille, il réfléchissait vigoureusement. Sur sa table s'amoncelaient des piles de volumes dépareillés. On pouvait en compter au moins quatre, recouverts de peau de veau à cinq pattes, et dont les pages cornées témoignaient de la vénération du Major pour ce vivant souvenir de son grand-père, qui, comme un cochon, mouillait son doigt et pliait les coins.

C'étaient :

Le Manuel de l'Ilote Ivre, par saint Raphaël Quinquennal;

Les Considérations sur la Grandeur et la Décadence des Roumains, du professeur Antonescu Meleanu;

Cinq semaines en bas Jil, par la Comtesse d'Anteraxe, chef de laboratoire des établissements Dugommier et C°, adapté de Jules Verne;

Les Propos sur l'Antimoine ou *A Bas La Calotte,* par le bon Père Nambouc.

Le Major ne les avait jamais lus. Il pensait par conséquent y trouver des renseignements utiles, puisqu'il connaissait parfaitement les deux autres volumes de sa bibliothèque, l'Annuaire du téléphone, formé de deux tomes, et le *Petit Larousse illustré,* et savait ne rien y rencontrer de vraiment .original.

Il travaillait depuis huit jours. Le problème de la terminologie était déjà résolu.

Il était récompensé de ses efforts par la douleur sourde qu'il ressentait à la base du cervelet.

Ce n'était que justice. Car tout son génie naturel avait été mis à contribution.

Connaissant parfaitement l'anglais, il avait pu constater en très peu de temps que le seul inconvénient du mot « surprise-party » est de comporter un Y. La solution se présenta, aveuglante, au bout d'une étude de deux heures : il remplaça party par partie.

Les choses géniales ne sont pas toujours aussi simples, mais quand elles atteignent cette simplicité, elles sont vraiment géniales.

Et le Major ne s'arrêta pas là.

Il alla du général au particulier et traita le problème dans l'espace et dans le temps.

Il étudia les conditions géographiques des emplacements les plus favorables aux surprises-parties :

— orientation du local, avec étude des vents dominants et des contraintes géophysiques résultant de l'altitude et de la composition granulométrique du sol.

Il étudia les conditions architecturales de la construction du bâtiment :

— choix des matériaux constitutifs des parois portantes;

— nature des revêtements antidégueulis et parabrillantine devant être appliqués sur les diverses cloisons;

— emplacements des baisodromes et dégagements éventuels protège-parents;

— et kohêtera, et kohêtera.

Il poussa l'étude jusqu'aux plus petits détails.

Et ne négligea pas même les annexes.
Et il était un peu effrayé.
Mais il ne désespérait pas.
Il ne désespérait jamais.
Il préférait dormir...

FIN DE LA SECONDE PARTIE

TROISIÈME PARTIE

Le Major dans l'hypoïd

Ce matin-là, René Vidal avait ouvert le deuxième bouton de son veston pendant le conseil hebdomadaire, car il faisait assez chaud : le thermomètre du bureau de Troude venait en effet d'exploser; brisant trois vitres et emplissant la pièce d'une odeur méphitique. Quand le conseil fut terminé, Miqueut fit signe à Vidal de rester, ce dont il se fût aisément passé, comme disait Racine, vu la température belzébique de la tanière du Sous-Ingénieur principal dont toutes les fenêtres étaient soigneusement fermées : Miqueut craignait pour ses organes délicats.

Les cinq collègues de Vidal quittèrent la pièce : Miqueut pria Vidal de s'asseoir et lui dit :

— Vidal, je ne suis pas content de vous.

— Ah! dit Vidal avec une envie de lui plonger un porte-plume dans l'œil. Mais l'œil se dérobait.

— Non! Je vous avais déjà dit l'année dernière, quand vous avez roulé le haut de vos chaussettes et mis une ceinture au lieu de bretelles, que, vis-à-vis de l'extérieur, nous ne pouvons pas nous permettre la moindre incorrection de tenue.

— Si tu avais dans les veines autre chose que du sang de grenouille, dit Vidal, mais intérieurement, tu aurais aussi chaud que moi.

— Aussi, je vous prie de refermer votre veston. Vous n'êtes pas correct, comme ça. Pour entrer dans mon bureau, je vous demanderai de faire un peu attention. C'est une question de discipline. C'est comme ça que nous en sommes arrivés là où nous en sommes.

Miqueut n'ajouta pas qu'il oubliait éperdument la discipline quand il s'agissait d'obéir à l'appel des sirènes d'alerte dont les glapissements retentissaient sur les toits à des intervalles variables.

Il embêta encore Vidal pendant quelques minutes avec des considérations extra-lucides sur l'intérêt de prévoir le nombre d'exemplaires d'un document en fonction du nombre de personnes destinées à le recevoir et du stock à conserver. Vidal se vengeait en arrosant de sueur l'extrémité du soulier gauche de Miqueut qui s'était tourné à moitié vers lui pour lui prodiguer ces éclaircissements. Lorsque le bout du soulier ne fut plus qu'une bouillie humide (ce qui est la caractéristique naturelle de toute bouillie), Miqueut s'arrêta de parler.

Vidal quitta son chef et trouva le Major assis à sa place, les deux pieds commodément allongés sur le téléphone. Une petite mare s'était formée sous sa fesse gauche et Vidal ne s'en aperçut qu'en reprenant possession de son fauteuil. Le Major prit une chaise.

— On vient de m'opérer de la cataracte, expliqua-t-il, mais il en reste encore un peu, alors elle coule comme ça de temps en temps.

— C'est très agréable, assura Vidal, que cette humidité rafraîchissait quant au fondement. Que puis-je pour toi?

— J'ai besoin de tuyaux, dit le Major.

— Pour quoi?

— Pour mon projet de Nothon des surprises-parties.

— Qu'est-ce qui te manque?

— Chauffage! dit laconiquement le Major. J'ai fait toute l'étude en oubliant le chauffage. Forcément, avec cette température et cette pénurie de charbon. Mon subconscient a dû trouver ça superflu.

Il ricana à l'idée de son subconscient.

— C'est embêtant, dit Vidal. J'espère que ça ne te met pas tout par terre quand même... As-tu pensé à la réfrigération?

— Fichtre non, dit le Major.

— Alors, viens toujours voir Emmanuel, dit Vidal.

En dix minutes, Emmanuel, grâce à sa grande compétence en matière de réfrigération, eut résolu le problème posé, qui comportait l'extinction du feu au chose par le truchement de l'eau fraîche.

— Tu n'as rien oublié d'autre? demanda Vidal.

— Je me rends difficilement compte... dit le Major. Tiens... Regarde...

Il lui montra son projet qui comptait quinze cents pages grand format.

— Je pense que ça doit suffire... dit Vidal.

— Je me demande si Miqueut s'apercevrait que j'ai oublié le chauffage...

— Du premier coup d'œil, assura Vidal.

— Alors, il faut que je complète ce truc-là... dit le Major. Qui s'occupe du chauffage, ici?

— C'est Levadoux, dit Vidal avec inquiétude.

— Oh! merde! soupira avec conviction, mais aussi avec tristesse, le Major.

Car, de toute évidence, Levadoux avait dévissé.

CHAPITRE II

Pour remplacer les dactylos qui l'avaient quitté peu de temps auparavant, Miqueut avait réussi à faire engager par Cercueil sept innocentes pucelles dont les mérites, sensiblement analogues, avoisinaient le zéro.

Miqueut, heureux de pouvoir montrer à ces jeunesses sa conception du rôle de chef, se payait du bon temps à leur faire recommencer les documents des huit et dix fois de suite.

Il n'envisageait pas le danger qu'allait constituer pour son service surmené la distribution, par le Fourbi national, de dragées vitaminées à l'hormone de cancoillotte enrobée dans du sucre de chasse d'eau. Ce produit superénergétique produisait sur ces organismes de dix-sept à vingt ans des effets stupéfiants. Une ardeur sauvage émanait du moindre geste de ces jeunes filles. Au bout de quatre distributions, la température de leur bureau commun avait monté dans de telles proportions que l'innocent visiteur qui pénétrait dans ce bureau sans précautions spéciales manquait de choir, terrassé par l'énergie inhumaine de l'atmosphère ambiante. Il ne restait d'autre ressource que de fuir ou de se déshabiller rapidement, pour pouvoir tenir, sans se faire d'illusions sur la suite des événements.

Mais le corps de nucléole du Sous-Ingénieur principal toujours irrigué par du sang de grenouille, passait à travers tout cela comme salamandre en la flamme et sa fenêtre restait fermée nuit et jour quelle que fût la chaleur de l'air. Même, Miqueut avait mis un petit gilet supplémentaire pour combattre les effets éventuels d'une baisse possible de la température.

Il lisait, assis dans son fauteuil sur son coussin de cretonne à fleurs, une sténographie de réunion, et brusquement, son œil heurta une petite phrase, anodine en apparence, dont le contact lui fut si désagréable qu'il dut retirer ses lunettes et se frotter la paupière pendant six minutes, sans ressentir d'autre soulagement que celui dont s'accompagne la transformation d'une piqûre en une brûlure. Il pivota sur son fauteuil tournant et pressa du doigt le troisième bouton suivant un rythme compliqué.

C'était le signal réservé à Mme Balèze, sa secrétaire en second.

Elle entra. Son estomac, gonflé de dragées vitaminées, saillait sous une robe de tru-tru levantine décorée de grosses fleurs jaune pétrole.

— Madame, dit Miqueut, je ne suis pas du tout content de votre sténo. Il me semble que vous... euh... en somme, que vous ne l'avez peut-être pas prise avec toute l'attention nécessaire.

— Mais, monsieur, protesta Mme Balèze, il me semble que je l'ai prise avec le même soin que d'habitude.

— Non, dit Miqueut d'un ton coupant. Ce n'est pas possible.

« Ainsi, à la page douze, vous avez écrit ainsi ce

que j'ai dit à ce moment-là : " Si vous n'y voyez pas d'inconvénient, je pense que l'on pourrait peut-être, à la ligne onze de la septième page du document K-9-786 CNP-Q-R-2675, remplacer les mots : '*s'il y a lieu*' par les mots '*sauf spécifications contraires*' et ajouter à la ligne suivante '*et en particulier au cas où*' pour la compréhension du texte. " Eh bien, je n'ai jamais dit ça, je me le rappelle parfaitement. J'ai proposé de mettre "*à moins de spécifications contraires*", ce qui n'est pas du tout la même chose, et pour le reste, je n'ai pas dit : "*et en particulier au cas où*" mais j'ai dit : "*et notamment au cas où*", et vous voyez qu'il y a une nuance. Et dans votre sténo, il y a au moins trois erreurs de cette taille-là. Ça ne peut pas marcher. Et après, vous viendrez réclamer de l'augmentation...

— Mais, monsieur... protesta Mme Balèze.

— Vous êtes toutes les mêmes, continua Miqueut. On vous en accorde long comme ça et il vous en faudrait long comme ça. Tâchez que cela ne se reproduise plus, sinon, je ne pourrai pas vous proposer pour l'augmentation de vingt francs à laquelle je songeais pour vous le mois prochain.

Mme Balèze quitta le bureau sans mot dire et regagna la salle des dactylos au moment où la plus jeune dans le service — celle que l'on chargeait des corvées — remontait les dragées du jour.

Un quart d'heure après, les sept secrétaires donnaient leur démission à Cercueil et quittaient toutes ensemble le Consortium pour aller boire un pot afin de se donner du courage. En vertu de leur contrat, elles ne pouvaient pas abandonner définitivement leur place avant la fin du mois et l'on n'était que le 27.

Elles burent, et remontèrent donc l'escalier après avoir payé le bistrot.

Elles se remirent au travail, et, sous la pression de leurs doigts puissants, les machines à écrire volèrent, une à une, en éclats. Une fois de plus, les bonbons vitaminés faisaient leurs ravages. Les stencils, crevés à la troisième frappe, planaient dans le bureau parmi un nuage de débris de métal surchauffé et l'odeur du corector rouge se mêlait à celle des femelles enragées. Lorsque toutes les machines furent hors d'usage, les sept secrétaires s'assirent au milieu des décombres et se mirent à chanter en chœur.

A ce moment, Miqueut sonnait sa première secrétaire, l'inamovible Mme Lougre. Elle accourut et l'informa des graves avaries survenues au matériel. Miqueut se gratta les dents, en profita pour se ronger un peu les ongles, et vola chez Touchebœuf afin de tenir conseil.

Il parvenait au troisième étage, lorsqu'il perçut un choc sourd qui ébranla tout le bâtiment. Le plancher trembla sous ses pas; il perdit l'équilibre et dut se raccrocher à la rampe pour ne pas choir tandis qu'une avalanche de poutres et de gravats s'abattait dans le couloir où il allait s'engager, à cinq mètres à peine de ses pieds.

Sous le poids des sacs d'engrais, le bureau de Troude venait de s'écrouler, entraînant dans sa chute un dossier d'un intérêt exceptionnel qui contenait un avant-projet de Nothon des boîtes en bois pour coco du Soudan. Il avait fallu trois étages de descente pour freiner la chute des sacs d'engrais, et Adolphe Troude, qui était tombé par-dessus le marché, gisait tout debout au milieu des décombres. Seuls, sa tête et le haut de son torse dépassaient.

Miqueut fit deux fois cinq pas en avant et considéra avec stupeur son adjoint qui avait perdu sa chemise et sa cravate dans la bagarre.

— J'ai déjà rappelé à Vidal, dit-il, la nécessité de faire très attention à l'importance d'une tenue correcte. Vis-à-vis des visiteurs toujours possibles, nous ne pouvons nous permettre la moindre négligence de... euh... en somme, bien entendu, dans le cas présent... vous n'avez peut-être pas entièrement... enfin, n'est-ce pas, de toute façon, il faut faire très attention.

— C'est un pigeon..., expliqua Troude.

— Quoi? dit Miqueut. Je ne vous comprends pas... Précisez votre pensée...

— Il est entré, continua Adolphe Troude, et il s'est perché sur le globe électrique qui est tombé...

— Ce n'est pas une raison, je vous le répète, poursuivit Miqueut, pour négliger votre tenue. C'est une question de correction et de respect de votre interlocuteur. Sans le respect des règles, vous voyez où on en arrive. Nous n'en avons malheureusement que trop d'exemples autour de nous et... euh... Enfin, à l'avenir, je pense que vous ferez attention.

Il fit un demi-tour, regagna le palier et pénétra dans le bureau de Touchebœuf qui faisait face à la cage de l'ascenseur.

Adolphe Troude réussit à se dégager et se mit à rassembler les sacs intacts.

Malgré les tentatives de Miqueut et Touchebœuf pour les ramener à de meilleurs sentiments, les sept secrétaires partirent trois jours après pour ne plus revenir. Elles avaient le cœur en fête et ne dirent pas même adieu au Sous-Ingénieur principal.

Ce jour-là, à deux heures et demie, le Major avait rendez-vous avec l'oncle de sa bien-aimée.

Comme d'habitude, sitôt arrivé, il entra d'abord chez Vidal.

— Alors? demanda ce dernier.

— Prêt! répondit fièrement le Major. J'ai rencontré Levadoux avant-hier dans un pince-fesses et je lui ai demandé des tuyaux. Regarde...

Il lui tendit le projet qui faisait maintenant au moins dix-huit cents pages.

— C'est toujours suivant le plan-Nothon, au moins? dit Vidal.

— Comme de bien entendu! répondit le Major avec orgueil.

— Alors, vas-y, dit Vidal en lui ouvrant la porte qui séparait son bureau de celui de Miqueut.

— Monsieur, c'est M. Loustalot, dit-il à Miqueut.

— Ah! vous voilà, monsieur Loustalot, s'exclama le Sous-Ingénieur principal en se levant. Je suis bien content de vous voir...

Il lui secoua la main pendant trente secondes en se fendant la bille d'un sourire grimaçant.

Vidal n'en entendit pas plus long car il referma la porte et se rassit à son bureau. Il dormit commodément pendant une heure et demie et fut réveillé par le rire forcé de Miqueut qui suintait à travers la cloison mince.

Discrètement, il alla écouter à la porte.

— Vous comprenez, disait son chef, c'est un travail très intéressant mais... euh... en somme, n'est-ce pas, il ne faut pas compter rencontrer la compréhension de tous. Nous nous heurtons, en général, et cela dans presque tous les domaines, à des exigences d'ordre plutôt commercial, si l'on peut dire, contre lesquelles nous devons nous efforcer de lutter, mais bien entendu, sans les affronter de face, et en montrant, n'est-ce pas, dans la mesure du possible, toute la diplomatie que nous pouvons déployer... C'est un travail qui demande, en somme, du doigté et une assez grande habileté. C'est ainsi que, bien souvent, on nous oppose des arguments qui semblent de bonne foi. Eh bien! trois fois sur quatre, nous constatons, par la suite...

— Quand le Nothon est homologué? suggéra le Major.

— Han! Han! non, heureusement, dit Miqueut avec la voix d'un homme qui rougit. Eh bien! donc, nous constatons que ces arguments avaient été dictés par des points de vue purement d'intérêts particuliers. Et souvent, n'est-ce pas, les gens se contredisent malgré eux et nous opposent des raisons qui ne tiennent pas. C'est pourquoi, en somme, il faut lutter perpétuellement pour tenter de faire triompher le point de vue de l'unification.

En somme, conclut Miqueut, nous devons être des apôtres et ne jamais nous décourager.

— Des apôtres... dit le Major. Hé! pourquoi pas?

— Ainsi, vous verrez tout de suite, dit Miqueut si le travail peut vous convenir. Je tâcherai de vous trouver une secrétaire. Actuellement, je suis un peu à court de petit personnel... N'est-ce pas, le petit personnel est très difficile à trouver en ce moment et fait montre, en somme, de telles exigences... nous ne pouvons guère nous permettre de... n'est-ce pas, les payer plus qu'elles ne méritent. Ce serait un mauvais service à leur rendre...

— Je pense d'ailleurs, dit le Major, que dans les premiers temps, je n'aurai guère qu'à me mettre au courant.

— Oui, n'est-ce pas, en somme, c'est en partie exact... et du reste, le Chef du Personnel m'a promis sept dactylos pour dans une semaine environ. Comme j'ai six autres adjoints, je pense que vous n'en aurez pas une tout de suite, parce qu'il m'en faut une en dehors de Mme Lougre qui est la seule fidèle, mais je... euh... par la suite, je pense que nous pourrons... nous compléter, n'est-ce pas... J'envisage d'ailleurs... j'ai une nièce, qui est assez bonne sténo... en somme, j'envisage de la prendre dans le service... elle vous serait affectée...

Vidal entendit un petit bruit bizarre, comme un hoquet de labadens, et le choc d'une chute sur le parquet. La porte s'ouvrit presque aussitôt.

— Vidal, dit son chef, aidez-moi donc à le transporter... il s'est trouvé mal... la fatigue occasionnée par l'élaboration du projet, sans doute... Enfin, son document me paraît très intéressant... Je le mettrai dans votre bureau.

— Le projet? demanda Vidal, comme s'il n'avait rien compris.

— Non, non, dit Miqueut en s'esclaffant... M. Loustalot! Il entre au C.N.U.

— Vous avez réussi à le persuader, dit Vidal d'un ton qu'il s'efforça de rendre admiratif.

— Oui, avoua Miqueut, faussement modeste... Je pense lui donner la Commission spéciale des surprises-parties qui va se créer prochainement.

Entre-temps, le Major avait fini par se lever tout seul.

— Excusez-moi, dit-il... C'est la fatigue.

— Je vous en prie, monsieur Loustalot... J'espère que vous vous sentez tout à fait bien, maintenant. Eh bien! alors, au plaisir... Et à lundi prochain.

— Au plaisir, répéta le Major, en se colletant intérieurement pour user d'un pareil langage.

Miqueut rentra dans son bureau.

CHAPITRE IV

Or Fromental n'était pas mort.

Il avait fait réparer sa Cardebrye, c'est-à-dire remettre une voiture au bout du volant qui l'avait ramené chez lui. Cette nouvelle disposition se révéla plus commode pour véhiculer des copains.

Il s'était inscrit au Racing et s'y entraînait d'arrache-pied pour acquérir une fameuse paire de biceps et casser la figure au Major dès la première occasion.

Au Racing, il s'était lié d'amitié avec André Vautravers, secrétaire général de la Délégation... Le hasard vous a de ces coups...

Il fréquentait aussi le fameux Claude Abadie, basketteur et nageur sans vergogne et clarinettiste amateur.

Tant et si bien rencontra-t-il Vautravers que, non content de le retrouver à l'entraînement, il obtint par son entremise une place à la délégation... Il allait donc superviser dans une certaine mesure les activités du Consortium.

Fromental entra en fonctions une semaine avant la visite du Major à Miqueut. Son travail consistait à classer purement et simplement les documents transmis par le C.N.U. pour emplir des tas de gros dossiers.

Fromental faisait du zèle. Et dans un repli obscur de ses lobes cérébraux se tortillait une pensée diabolique.

Il allait flatter Miqueut en le complimentant sur l'excellence de son travail et entrer peu à peu dans ses bonnes grâces. Cela fait, il démasquerait ses batteries et demanderait sa nièce en mariage. Plan simple, mais efficace, et facilité par la fréquence des rencontres que Fromental ne manquerait pas d'avoir avec le Sous-Ingénieur principal. Trois semaines après son entrée à la Délégation, Fromental reçut le projet de Nothon des surprises-parties élaboré par le Major.

Sans méfiance, et en raison de l'importance exceptionnelle de ce document, il rédigea une lettre à l'attention de Miqueut accusant réception du projet et formulant quelques éloges dithyrambiques à l'adresse de l'auteur.

Sa rédaction fut approuvée sans modification, car son chef était très occupé avec sa secrétaire, et la missive partit à la liaison la plus proche.

Pour corser la chose, Fromental décrocha le téléphone.

Il composa le numéro bien connu : MIL. OO-OO, obtint par miracle la communication et demanda M. Miqueut.

— Il n'est pas là, lui répondit la standardiste (la seule personne aimable de la maison). Voulez-vous un de ses adjoints? C'est à quel sujet?

— Surprises-parties, répondit Fromental.

— Ah! Bien! Je vais vous passer M. le Major.

Il y eut dans la tête de Fromental un bruit comme un rétameur qui s'explique avec sa femme, et avant même d'avoir le temps de se demander s'il s'agissait de « son » Major, il l'eut au bout du fil.

— Allô? dit le Major. Ici, notre bienheureux Major.

— Ici, Vercoquin... balbutia l'autre, se trahissant dans son désarroi.

Le Major, à ces mots, poussa dans le parleur un hurlement soigneusement calculé pour briser aux trois quarts le tympan droit de Fromental qui lâcha le récepteur et se prit en gémissant la tête à deux mains.

Lorsque le malheureux eut repris l'appareil, le Major continua :

— Excusez-moi, dit-il en ricanant, mon téléphone marche très mal. Que puis-je faire pour vous être utile?

— Je voulais parler au Sous-Ingénieur principal Miqueut, dit Fromental, et non à l'un de ses adjoints.

Vexé, l'adjoint en question cracha dans le cornet

130

et Fromental eut immédiatement l'oreille gauche obstruée par un liquide épais. Puis le Major raccrocha.

Fromental raccrocha aussi et muni d'un trombone détordu et garni de coton cellulosique, se déboucha le conduit à grand-peine.

La tempête qui grondait entre ses pariétaux mit deux bonnes heures à s'apaiser. Redevenu lucide, il entreprit la construction d'un planning soigné des embêtements qu'il lui serait possible de susciter à destination du Major afin de le faire haïr par Miqueut.

Il connaissait trop le charme ineffable du Major pour ne pas douter une minute que celui-ci n'arrivât à ses fins, qui étaient de séduire Miqueut, pour peu que des circonstances favorables ou l'absence de circonstances défavorables lui en laissent le loisir.

Il fallait donc contre-attaquer, et presto.

Vercoquin ferma ses tiroirs à clef, se leva, repoussa avec soin son fauteuil tournant contre son bureau (tout cela pour se donner le temps de réfléchir) et quitta la pièce en oubliant son gant droit.

Il descendit. Sa Cardebrye, pour laquelle il avait réussi à obtenir un S.P. en règle, l'attendait sagement au bord du trottoir.

Il savait — grâce à quelles ruses! — l'adresse de Zizanie. Il mit son moteur en marche, embraya, et, à toute vitesse, se dirigea vers le domicile de la belle.

A cinq heures de l'après-midi, il commença sa faction devant la maison de Zizanie. A cinq heures quarante-neuf exactement, il la vit rentrer.

Il remit son moteur en marche, avança de quatre

mètres deux pour se trouver juste en face de la porte cochère et s'arrêta de nouveau.

Il jura sept fois le nom de Dieu parce qu'il avait faim, soif, et envie de faire pipi, et resta au volant, les yeux fixés sur la porte.

Il attendait quelque chose.

CHAPITRE V

A sept heures et demie du matin, il attendait toujours. Son œil gauche était complètement collé par la fatigue. Il parvint à l'ouvrir avec une pince universelle et se trouva derechef en possession d'un sens visuel correct.

Il détendit ses jambes ankylosées avec tant de vigueur qu'il creva le tablier de la Cardebrye. N'en étant plus à une réparation près, il n'y fit pas attention.

Un quart d'heure s'écoula et Zizanie sortit. Elle montait une ravissante bicyclette en bois de cornouiller, fabrication de guerre. Les pneus étaient faits de boyaux de vipères gonflés à l'acétylène et la selle d'une épaisse couche de gruyère maigre assez confortable et pratiquement indestructible. Sa jupe légère flottait derrière elle, laissant apercevoir un petit slip blanc bordé, en haut des cuisses, d'une courte frange châtain.

Fromental suivit, au ralenti, Zizanie.

Elle prit la rue du Cherche-Midi, tourna dans la

rue du Bac, enfila la rue La Boétie, le boulevard Barbès, l'avenue de Tokio et arriva directement place Pigalle. Le Consortium s'élevait non loin de là, derrière l'École Militaire.

Se doutant de la destination de Zizanie, Fromental accéléra brusquement et parvint au C.N.U. deux minutes avant elle. Le temps juste nécessaire pour se ruer en bas de l'escalier et appeler l'ascenseur du deuxième sous-sol.

Zizanie, qui ne l'avait pas vu, se dirigea posément vers le hangar ad hoc et ligota soigneusement sa bicyclette à l'un des piliers de charpente métallique qui supportaient le toit de tôle ondulée. Elle prit son sac. Arrivée devant la cage de l'appareil élévateur qui ne desservait que les deux étages supérieurs, en exécution des arrêtés en vigueur, elle pressa le bouton d'appel.

D'en bas, Fromental interdisait tout mouvement à la machine en maintenant la porte ouverte. Aussi, rien ne bougea.

— Pas de courant! pensa Zizanie.

Et elle entreprit l'ascension pédestre des six fois vingt-deux marches qui menaient au service de son oncle.

Elle venait de dépasser le quatrième étage lorsque l'ascenseur s'ébranla. Il parvint au sixième à la minute précise où elle posait le pied sur la dernière marche. Ouvrir la porte de fer forgé, s'emparer de la petite, l'entraîner dans la cabine et presser le bouton pour la descente ne furent qu'un jeu pour Fromental dont la passion, apparente sous l'étoffe légère d'un pantalon d'été, décuplait l'énergie si elle entravait quelque peu l'aisance naturelle de ses mouvements.

L'ascenseur s'arrêta au rez-de-chaussée. Fromental se saisit à nouveau de Zizanie qu'il avait relâchée pendant la descente et replia la porte à coulisse intérieure sur la gauche. Et la porte extérieure s'ouvrit toute seule car le Major venait d'arriver.

Et le Major, de la main droite, saisit au vol Zizanie. De la gauche, il extirpa Fromental de la cabine et le lança plus bas, dans l'escalier, vers le sous-sol. Puis il pénétra posément, suivi de Zizanie, dans l'appareil, qui les déposa peu après au sixième.

En six étages, il avait eu le temps de faire du bon boulot. Mais il glissa dessus en sortant et faillit s'écraser le nez sur les dalles du palier. Zizanie le retint à temps.

— Tu m'as sauvé aussi! nous sommes quittes, mon ange, dit le Major en la baisant tendrement sur les lèvres.

Elle se maquillait avec un rouge très gras qui balafra le Major. Avant que ce dernier ait pu faire disparaître ces traces compromettantes, Miqueut, qui s'apprêtait à descendre voir Touchebœuf, émergea brusquement du couloir et fut sur eux.

— Ah! Bonjour, monsieur Loustalot... Tiens! vous êtes arrivé en même temps que ma nièce... Je vous présente votre secrétaire... Han... Han... Va te mettre au travail, continua-t-il, s'adressant à Zizanie. Mme Lougre te donnera les indications nécessaires. Vous avez mangé des framboises? poursuivit cet homme bavard en regardant avec attention la bouche du Major. Je ne pensais pas que l'on en trouve déjà maintenant...

— Il y en a beaucoup chez moi, expliqua le Major.

134

— Vous avez bien de la chance... Han... Han... Je descends chez Touchebœuf. Mettez-vous un peu au courant en attendant que, en somme, nous puissions avoir un petit entretien... pour faire un tour d'horizon.

Pendant cet échange d'aménités, l'ascenseur était redescendu. Il revenait maintenant, portant un Fromental enragé, qui sursauta en voyant Miqueut.

— Bonjour, mon cher, s'exclama celui-ci qui l'avait rencontré une première fois à la Délégation. Alors? quoi de neuf? Vous passiez sans doute me prendre pour aller chez Touchebœuf?

— Euh... Oui! balbutia Fromental, bien heureux de ce prétexte.

— Au fait, je vous présente M. Loustalot, mon nouvel adjoint, dit le baron. M. Vercoquin, de la Délégation. C'est M. Loustalot qui a établi le projet de Nothon au sujet duquel la Délégation a bien voulu nous adresser quelques éloges... continua Miqueut.

De prononcer ces mots « la Délégation » deux fois de suite, comme ça, il en avait jusqu'aux yeux. Il en étouffait presque.

Fromental marmotta quelque chose que l'on put prendre pour ce que l'on voulut. Les interprétations du Major et de Miqueut furent très différentes.

— Eh bien! conclut ce dernier, profitons donc de l'ascenseur, mon cher Vercoquin. A tout à l'heure, monsieur Loustalot.

Ils disparurent aux yeux du Major, hilare.

En entrant dans le couloir du sixième, le Major éclata de rire, de la façon démoniaque qui lui était propre, et faillit faire évanouir la secrétaire de Vin-

135

cent, un ingénieur du service Touchebœuf, bringue grisonnante qui voyait partout des attentats à sa pudeur...

Le Major s'installa commodément dans le vaste bureau de Vidal qui était en promenade quelque part au sixième. Il était déjà au courant des habitudes de la maison, sachant notamment que le départ du baron pour les étages inférieurs donnait le signal d'une sortie générale de ses adjoints.

Il décrocha le téléphone et appela le 24.

— Allô? mademoiselle Zizanie, pour M. Loustalot s'il vous plaît.

— Bien, monsieur, répondit une voix féminine.

Une minute... et Zizanie entra dans son bureau.

— Descendons prendre un himalaya, proposa le Major.

Il y avait non loin du Consortium un Milk-bar où l'on trouvait des tas de choses très froides et nageant dans des jus divers, fort délectables et porteuses de noms ronflants et ascensionnels.

— Mais... Mon oncle! objecta Zizanie.

— On l'enquiquine, répondit froidement le Major. Descendons.

Ils ne descendirent pourtant pas tout de suite. En entrant, Pigeon et Vidal se détournèrent discrètement pour laisser au Major le temps de se reboutonner et, dès que Zizanie fut prête à son tour, se joignirent à eux car ils avaient soif aussi.

— Alors? demanda Vidal tandis qu'ils descendaient lentement les marches. Tes premières impressions?

— Excellentes, dit le Major en remettant son bazar en place.

136

— Allons tant mieux, approuva Emmanuel, à qui Zizanie paraissait en effet susceptible de donner de bonnes impressions.

Sitôt dehors, ils obliquèrent sur la gauche (pas celle du Major) et prirent un passage protégé de la chute des météores divers par un vitrage armé dont le treillis intérieur en fils métalliques soudés présentait une maille carrée de 12,5 mm de côté, à la tolérance près. C'était le chemin habituel de Vidal et Pigeon, soucieux d'éviter les rencontres fortuites ainsi qu'inopinées et désagréables autant qu'éventuelles, d'individus susceptibles de déboucher d'un métro et d'appartenir en outre au personnel du Consortium, tout en y occupant un poste tel qu'il leur permette la provocation ultérieure d'embêtements variés à l'adresse de ces deux intéressants personnages. Cela présentait par ailleurs, l'avantage d'allonger le trajet.

Dans le passage, les librairies foisonnaient et cet avantage secondaire augmentait l'attrait de ce chemin dérobé.

Au Milk, une serveuse un peu rousse et pas mal bâtie leur prépara quatre saladiers de glace. Et Emmanuel aperçut alors André Vautravers. Ils étaient camarades de promotion, ayant autrefois préparé ensemble le Cépéha.

— Comment vas-tu, vieux, s'exclama Vautravers.
— Et toi? répondit Pigeon. Mais dis-moi, je n'ai pas besoin de te demander ça : A ce que je vois, les affaires vont bien.

Vautravers était, en effet, revêtu d'un magnifique complet neuf et portait des chaussures de daim clair.

— Ça paye, la Délégation, poursuivit Emmanuel.

— Pas mal, avoua Vautravers. Et toi, qu'est-ce que tu gagnes?

A voix basse, Emmanuel lui dit le chiffre.

— Mais, mon vieux, rugit Vautravers, c'est ridicule... Écoute, j'ai maintenant assez d'influence à la Délégation pour obtenir du Commissaire Requin qu'il te fasse augmenter. Il n'aura qu'un mot à dire à ton Directeur Général... Comme ça, ça ira... Tu comprends, il est inadmissible qu'il y ait entre nos deux traitements une telle différence...

— Je te remercie, mon vieux, dit Emmanuel. Tu prends un pot?

— Non, excuse-moi, je dois aller retrouver des copains qui m'attendent... Au revoir, tout le monde.

— Eh bien! dit le Major, lorsque Vautravers fut parti, c'est en quelque sorte une relation intéressante?

— Assez intéressante, approuva Emmanuel.

— Si vous n'y voyez pas d'inconvénient, interrompit Vidal, nous pourrions peut-être nous dépêcher un tantinet, car...

— Miqueut risque de remonter, compléta le Major.

— Non, dit Vidal, ce n'est pas cela, mais j'aimerais fort faire un petit tour chez mon libraire attitré.

CHAPITRE VII

Depuis un mois déjà le Major faisait partie du service de Miqueut et ses affaires sentimentales n'avançaient guère. Il n'osait parler à l'oncle de son penchant pour la nièce.

Ledit oncle ne pensait qu'à la première réunion de la Commission générale des Surprises-Parties qui allait se tenir pour examiner le projet de Nothon du Major.

Tout était prêt.

Les stencils, dûment vérifiés, tirés et agrafés.

Les illustrations, destinées, eût dit Miqueut, « à permettre une compréhension correcte des dispositions du projet ».

Les cent cinquante convocations, expédiées assez à l'avance pour que l'on puisse espérer voir venir neuf personnes.

Enfin, le guide-âne fiévreusement rédigé par le Major pour le Président.

Le Président, Professeur Epaminondas Lavertu, membre de l'Institut, célèbre dans le monde entier pour ses travaux relatifs à l'influence de l'alcoolisme du samedi soir sur la fonction reproductrice des ouvriers ajusteurs.

Alerté depuis longtemps, le service de Mme Triquet, l'organisatrice des réunions, regorgeait de pancartes signalisatrices qui seraient disposées aux abords de la salle, prêtée obligeamment pour la circonstance par le Syndicat des Confituriers sans Tickets de la région parisienne.

Une heure avant la réunion, le Major bondissait comme une chèvre dans les couloirs et les escaliers, vérifiant tout, réunissant des dossiers, consultant les documents pour pouvoir répondre aux curieux éventuels, s'assurant enfin que rien ne clochait.

Lorsqu'il revint dans son bureau, il lui restait à peine dix minutes. Il changea rapidement de chemise, remplaça ses lunettes à monture claire par un pince-nez noir en ébonite estampé qui faisait plus sérieux et empoigna un bloc pour prendre un compte rendu détaillé de la séance.

Le Sous-Ingénieur principal Léon-Charles Miqueut exigeait en effet que l'on prît une sténo intégrale des débats, mais il interdisait en principe à ses adjoints, chargés de rédiger le procès-verbal, d'utiliser cette sténographie dont la traduction demandait plusieurs jours et aboutissait à de volumineuses liasses de paperasses dont personne ne se servait jamais.

Le Major jeta un rapide coup d'œil chez son chef et constata qu'il était descendu. Il se rappela que le Directeur Général devait assister à la séance : à ces occasions, Miqueut et Touchebœuf passaient chez lui longtemps avant l'heure pour lui expliquer ce qu'il ne fallait pas dire. Il arrivait souvent en effet au Directeur, emporté par le délire du tribun, d'émettre des idées si raisonnables que la Commission rejetait purement et simplement les projets de Nothons présentés.

Sans attendre Miqueut, le Major se rendit donc directement dans la salle de réunions. Zizanie l'avait déjà précédé. Elle devait prendre la sténographie.

Autour de la table s'égaillaient déjà quelques membres de la Commission. D'autres accrochaient leur chapeau au vestiaire, échangeant des remarques profondes sur des sujets d'actualités. Il ne venait à ces séances que de vieux habitués qui se connaissaient tous.

Apparut le Directeur Général, suivi par Miqueut, humant, le nez au vent, la bonne odeur de réunion. Au passage, le Major eut l'honneur d'une poignée de main et fut coup sur coup présenté au Président Lavertu et à quelques moindres personnages.

Vingt-quatre sur les cent quarante-neuf personnes convoquées étant là, le Directeur Général, ravi de ce succès sans précédent, se frottait les mains.

Le Délégué Central Requin fit alors son entrée, accompagné de Vercoquin, tous deux munis de dignes serviettes de cuir. Le Sous-Ingénieur principal Miqueut, confondu en courbettes, laissa le second se débrouiller et guida le premier vers la tribune.

Au centre, le Président. A sa droite, le Délégué puis le Directeur Général. A sa gauche, Miqueut, puis le Major.

Dans la salle, quelque part, Vercoquin, qui n'avait pu réussir à se rapprocher de Zizanie.

Une dactylo offrait une feuille de présence à la signature de chacun. Le vague brouhaha de chaises remuées et de marmottaisons indistinctes s'affaiblit puis se calma et le Président, consultant le guide-âne préparé par le Major, ouvrit la séance.

— Messieurs, nous sommes réunis aujourd'hui pour examiner, en vue de son envoi éventuel à la Consultation publique, un avant-projet de Nothon des surprises-parties dont vous avez, je pense, tous reçu un exemplaire. Ce document m'a paru très intéressant, aussi je prierai M. Miqueut de vous exposer beaucoup mieux que je ne saurais le faire, la procédure suivie et... euh... les buts de cette réunion...

Miqueut graillonna pour s'éclaircir la voix.

— Eh bien... Messieurs, n'est-ce pas, c'est la première fois que se réunit la Commission des Surprises-Parties dont, tous, vous avez bien voulu accepter de faire partie...

— Sans jeu de mots, interrompit avec un gros rire le Directeur Général.

La Commission apprécia avec discrétion ce trait d'humour et Miqueut reprit :

— Je vous rappelle donc... euh... que cette Commission a été constituée à la demande de nombreux usagers et en accord avec M. le Délégué Central du Gouvernement Requin qui a bien voulu honorer cette première séance de sa présence... et tout d'abord, nous allons vous lire la liste des membres de la Commission.

Il fit signe au Major, qui, d'un trait et par cœur, dévida la liste des cent quarante-neuf membres...

Cette performance produisit une grosse impression et l'atmosphère se mit à rayonner d'un éclat bien spécial.

— La Commission a-t-elle quelques suggestions éventuelles ou quelques modifications à proposer pour cette liste? reprit aussitôt Miqueut dans son français le plus pur.

Personne ne répondit et il continua.

— Eh bien, messieurs, je vais, avant d'examiner le document S P N° 1, n'est-ce pas... euh... pour, en somme, plus particulièrement, les personnalités qui ne sont pas au courant de nos méthodes de travail, le processus suivi par le Consortium lors de l'élaboration d'un nouveau Nothon...

A grands traits, et dans un style bien personnel, Miqueut retraça la marche des opérations. Cinq personnes, dont un Inspecteur général, qui s'était faufilé dans la salle on ne sait comment, s'endormirent brutalement.

Le silence le plus complet résonna quand il se tut.

— Eh bien, messieurs, continua Miqueut, variant peu ses exordes, si vous le voulez bien, nous allons procéder à l'examen point par point du document... euh... objet de cette réunion.

A ce point de la conjoncture, Vercoquin se leva discrètement et murmura quelque chose à l'oreille du Délégué Central qui approuva de la tête.

— Je propose, dit le Délégué, que le rapporteur de cette importante étude, nous en fasse la lecture. Qui est-il, monsieur Miqueut?

Troublé, Miqueut ne répondit que par un vague grognement.

— Je vous rappelle, dit le Directeur général, heureux de placer un laïus qu'il connaissait bien, que, aux termes de l'instruction provisoire du cinq novembre mil neuf cent chose et un, l'élaboration des avant-projets de Nothons incombe soit aux Bureaux d'unifications constitués dans chaque Comité professionnel, soit aux Rapporteurs désignés par les Commissions techniques du C.N.U. et dont la création et la composition sont soumises à l'approbation du Secrétaire d'État intéressé.

Les assistants, somnolant maintenant tous à moitié, ne suivaient plus la discussion.

— Je me permets de rappeler à mon tour, dit Fromental, après avoir, du geste, demandé la parole, que, en aucun cas, les membres ou les ingénieurs du Consortium ne sauraient se substituer aux dites Commissions techniques.

Il enveloppa le Major d'un regard si venimeux que la monture d'ébonite de son pince-nez se corroda en trois endroits. La mine du crayon de Zizanie, par ricochet, cassa net.

Une sueur froide et malodorante couvrait les tempes maigres de Miqueut. La situation était critique.

Et le Major se leva. Il promena sur l'assemblée son regard de jumelle monoculaire et parla en ces termes :

— Messieurs, je suis le Major. Je suis ingénieur au C.N.U. et auteur du projet S P N° 1.

Fromental triomphait.

— Le projet S P N° 1, poursuivit le Major, représente un travail considérable.

— Là n'est pas la question, coupa Requin, agacé par ces palabres.

— Or, continua le Major,

« 1° Quand je l'entrepris, je n'étais pas encore ingénieur au C.N.U. En témoigne le compte rendu de la visite que je fis à M. Miqueut, classé dans le dossier S P.

« 2° Je fus assisté pour l'élaboration de ce projet par un représentant des consommateurs et des producteurs, qui organisait des surprises-parties pour y participer. La Commission technique, quoique réduite, fut donc bien constituée.

« 3° Je ferai respectueusement remarquer à M. le Délégué Central du Gouvernement que le document S P N° 1 est établi d'après le plan Nothon. »

L'œil du Délégué flamboya.

— Très intéressant! fit-il. Voyons un peu.

Il s'absorba dans la lecture du document. De gros soupirs d'espoir gonflaient la poitrine de Miqueut et s'échappaient en lentes volutes de sa bouche entrouverte.

— Cette étude, dit le Délégué en relevant la tête, me semble parfaite et en tous points conforme au plan Nothon.

Les membres de la Commission, le regard perdu dans de vagues lointains, restaient immobiles, sous le charme que distillait la douce voix du Major.

L'atmosphère se densifiait et se séparait en lamelles gauchies et légèrement ondulées.

— Eh bien, puisque aucune observation n'est présentée, dit le Délégué, je pense, Monsieur le Président, que l'on peut envoyer ce projet à la Consultation Publique sans modification. D'autant que sa disposition suivant le plan Nothon en rend la lecture particulièrement aisée.

Si fort se mordit Fromental la lèvre inférieure qu'il en saignait comme un tapir.

— Monsieur le Délégué, conclut le Président Lavertu, pressé d'aller rejoindre sa petite amie dans un bar zazou, je suis tout à fait de votre avis et je vois que notre ordre du jour est épuisé. Messieurs, il me reste donc à vous remercier de votre attention. Nous pouvons lever la séance.

Les mots « lever la séance » avaient une résonance magique et parvenaient dans certaines conditions opératoires favorables à réveiller les Inspecteurs généraux.

Le Délégué s'attardait dans un coin avec Miqueut.

— Ce projet est excellent, monsieur Miqueut, je pense que vous y êtes pour quelque chose?...

— Mon Dieu, dit Miqueut en souriant avec modes-

145

tie, ce qui était moins dangereux car ses dents restaient couvertes..., il a été rédigé par mon adjoint M. Loustalot..., en somme...

Le danger passé, il se regonflait.

— Je vois, dit le Délégué. Vous êtes toujours modeste, monsieur Miqueut... je regrette d'avoir soulevé la discussion de tout à l'heure, puisqu'elle était sans fondement, mais il m'arrive tellement de documents que je n'ai jamais le temps de les lire, et les indications de Vercoquin — qui est un débutant, et par conséquent, zélé et excusable — m'avaient paru... enfin, l'incident est clos. Au revoir, monsieur Miqueut.

— Au revoir, monsieur, au plaisir, et merci bien de votre amabilité... dit Miqueut, le nez levé, en secouant comme un prunier la main du Délégué qui s'éloigna, suivi de Fromental exsangue. Au revoir, Monsieur le Président, au plaisir... Au revoir, monsieur... Au revoir, monsieur...

La salle se vidait lentement. Le Major attendit que tout le monde fût sorti, puis il emboîta le pas à son chef et regagna le sixième étage du Consortium.

CHAPITRE VIII

— Il avait bien mauvaise mine, tout de même, dit Zizanie avec une odeur de pitié dans la voix;

C'était l'après-midi du même jour. Le Major et sa souris se tenaient dans l'antre de Miqueut qui venait de descendre à la manille. Le Major frissonnait d'excitation. Il avait gagné la bataille et comptait bien en tirer parti. Tout le portait à croire que Miqueut, de gré ou de force, saurait reconnaître ses mérites. Aussi, à cet instant, Fromental lui importait-il peu.

— Il n'a que ce qu'il mérite! dit-il. Ça lui apprendra à me chercher des crosses, à ce chichnouf belouqué.

Les expressions d'hindoustani dont il émaillait ses discours étaient une intarissable fontaine d'enchantements pour Zizanie.

— Ne sois pas si sévère, mon amour, dit-elle. Tu devrais te réconcilier avec lui. Après tout, il a un S P.

— Moi aussi, dit le Major, et je suis beaucoup plus riche que lui.

— Ça ne fait rien, dit Zizanie. Tout ça me peine. Au fond, il a un bon naturel.

— Qu'en sais-tu? dit le Major. Enfin! Je ne veux pas te refuser ça. Je vais l'inviter à déjeuner aujourd'hui même. Tu es contente, maintenant?

— Mais il est trois heures... Tu as déjà déjeuné...

— Justement! conclut le Major. On verra bien s'il est conciliant.

Fromental, consulté par téléphone, accepta immédiatement. Lui aussi avait hâte de vider l'abcès.

Le Major lui donna rendez-vous à son Milk-bar habituel pour trois heures et demie. Ils arrivèrent en même temps, à quatre heures.

— Deux triples himalayas à cent balles! commanda le Major à la caisse, en allongeant les tickets de pain et l'argent nécessaires.

Fromental voulut payer sa part, mais le Major le

foudroya du regard. Une étincelle jaillit entre sa main gauche et le carrelage, et il s'essuya avec un mouchoir de soie.

Ils s'assirent sur les hauts tabourets recouverts de moleskine et commencèrent à déguster leurs glaces.

— Je crois qu'il sera plus commode de nous tutoyer, dit le Major de but en blanc. Qu'as-tu fait tantôt?

La question heurta Fromental.

— Ça ne te regarde pas! répondit-il.

— Fais pas le méchant, reprit le Major en lui tordant le poignet gauche avec une habileté consommée. Dis un peu?

Fromental poussa un hurlement strident qu'il s'efforça de faire passer pour une quinte de toux lorsqu'il se vit l'objet de la curiosité générale.

— J'ai fait des vers, avoua-t-il enfin.

— Tu aimes ça? demanda le Major étonné.

— J'adore..., gémit Fromental en levant les yeux au plafond d'un air extasié tandis que sa pomme d'Adam montait et descendait comme un ludion.

— Aimes-tu ça? dit le Major, et il déclama :

Et les vents malaisés bredouillaient leur antienne
Aux bonds mystérieux du mort occidental...

— Inouï! dit Fromental, qui se mit à pleurer.

— Tu ne les connaissais pas? demanda le Major.

— Non! dit Fromental sanglotant. Je n'ai jamais lu qu'un volume dépareillé de Verhaeren.

— C'est tout? demanda le Major.

— Je ne me suis jamais demandé s'il y en avait d'autres... avoua Fromental. Je ne suis pas curieux et je manque un peu d'initiative, mais je te déteste... Tu m'as pris mon amour...

— Montre-moi ce que tu as fait tantôt! ordonna le Major.

Fromental tira timidement un papier de sa poche.

— Lis! dit le Major.

— J'ose pas!...

— Je lirai donc moi-même! dit le Major qui se mit à déclamer d'une voix magnifiquement timbrée :

LES INTENTIONS PHÉNOMÉNALES

L'homme écrivait, à son bureau,
Pressé, plein de rage stérile.
Il écrivait, l'araigne de sa plume
Dévidait le fil des mots immobiles,

Et, quand la page fut remplie,
Bing! il pressa son doigt sur le bouton.
Porte s'ouvrit, chasseur parut. Bizarre!... une cas-
Vite! Télégraphe! Vingt francs.   [quette?

Deux jambes montaient, descendaient, des pieds
Comme un écureuil. Les pédales...
Frein. Guichet. Formule. Il est parti.
Vingt francs gagnés. Revenait en flânant.

Et des kilomètres de fil, des kilomètres,
Montant et descendant, comme les pieds,
Le long des trains, mais horizontaux.
Pas comme les pieds.

Des kilomètres de fils télégraphiques,
Avec, dedans, des mots qui se coinçaient
Aux angles, où le poteau est jumelé.
Faut bien qu'il tienne.

Trois cent mille kilomètres...
Mais en une seconde? quelle blague!
Oui, s'il n'y avait pas toutes ces bobines,
Toutes ces bobines, ces sacrés pièges à mots.

Dans son bureau, l'homme, soulagé,
Tenant en sa bouche un cigare,
Lisait le « Dimanche Illustré ».

Des kilomètres, des kilomètres de fils télégraphiques,
Et des selfs, où les mots, perdus,
Se tordaient, comme des damnés
Dans un enfer, ou des souris
Au fond de la vieille cruche en fer émaillé bleu...

Dans son bureau, il finissait le cigare,
Soulagé, car dans quelques heures,
Il aurait des nouvelles de Dudule.

— Pas mal, dit le Major après un silence, mais tu te
ressens de tes lectures. Ou plutôt de ta lecture... Un
seul volume de Verhaeren...

Ils ignoraient tous deux l'agitation des serveuses du
Milk-bar qui s'étaient groupées derrière le comptoir
pour mieux entendre.

— Tu fais aussi des vers? demanda Fromental. Si
tu savais comme je te hais!

Il se tordait nerveusement les tibias.

— Attends! dit le Major. Écoute ça...

Il déclama derechef :

Chaussé d'escarpins verts et coiffé d'un béret,
Un flacon de trois-six dans sa poche de gauche,
Harmaniac le soiffard vivait dans la débauche,
Forniquant et buvant nuit et jour sans arrêt.

Il était né là-bas, près des côtes de France
Où le soleil lui-même embaume l'aïoli.
Vu qu'il était poète, et qu'il était joli,
Il ne travaillait pas, vivait Rue de Provence.

Entretenu de corps par cinq filles habiles
Et son esprit planant près d'illustres rivaux,
Il composait ses vers vautré dans des caveaux
Peuplés de nez luisants et de têtes débiles.

Et ses burnes, gonflées de puissante liqueur
Se détendaient la nuit en soubresauts splendides.
Tel un cheval en rut nourri de cantharides,
Il tirait dix-sept coups, puis repartait, vainqueur.

II

Hélas, la ghoule verte aux chancres suppurants,
La livide vérole à l'œil cerné de mauve,
S'en vint le visiter un soir que, dans l'alcôve,
Il culbutait, sans frein, trois tendrons délirants.

L'intensité du mal est d'autant plus terrible
Que l'on en est frappé dans des jeux plus ardents [1].

1. Professeur Marcadet-Balagny. Études cliniques.

Harmaniac, déchiré par les cruelles dents
De spectres bandouilleurs, connut la peine horrible.

Le tabès s'empara de ses membres perclus.
Il se traînait, baveux... Puis, ce fut l'aphasie
Grapho-motrice, et puis l'âpre paralysie...
Cependant, les espoirs n'étaient point tous exclus;

Il pouvait en guérir. Et, toute la journée,
Les savants le traitaient, l'enveloppaient d'onguents,
Bouillaient dans des vaisseaux des outils arrogants
Pour piquer sans repos sa veine empoisonnée.

III

Mais les vers, refoulés dans la vaste cervelle,
Empêchés de sortir par le manque de voix
Du poète, cloué sur sa couche, aux abois,
Vinrent à se lever dans une horreur nouvelle.

L'alexandrin rageur, aux douze anneaux gluants,
L'octosyllabe sec, se tordant en délire,
Les vers impairs, fluets, pointus, pleins de male ire...
Il en naissait toujours, et leur tas, refluant

Des centres cérébraux vers le bord de son crâne,
Grouillait en un chaos répugnant et mortel,
Et l'œil rouge des vers dardait un feu cruel
Qui pelait la méninge ainsi qu'une banane.

Harmaniac résistait encore. Un prosateur
N'eût pas tenu longtemps sous cet assaut funeste,
Mais le poète est fait par l'ouvrier céleste
Pour survivre aussi bien sans cerveau. Les docteurs

Continuaient de guider le remède en ses veines,
Mais les vers dévorants, sans trêve ni répit
Foisonnaient à l'envi. Lors, le corps décrépit
D'Harmaniac, consumé d'une ardeur inhumaine

Se raidit tout soudain, puis s'immobilisa
Le peuple reculait en découvrant sa tête,
Attribuant son deuil à l'humble spirochète.
Un homme s'approchait, qui doucement posa

Sa main sur le thorax du mort. Alors, stupeur!
— Il bat toujours, dit-il, et leva le suaire...
Et l'on vit apparaître, environné de glaire,
Le ver immonde et noir qui lui broutait le cœur...

La voix du Major s'était abaissée progressivement pour accentuer l'horreur du dernier vers. Fromental se roulait par terre en sanglotant. Les serveuses, une à une, s'étaient évanouies comme des mouches mais par bonheur, il y avait très peu de clients à cette heure de l'après-midi et deux voitures d'ambulance alertées par le Major suffirent à emmener l'ensemble des victimes.

— Tu ne devrais pas! gémissait Fromental à plat

153

ventre dans la sciure et se tenant la tête à deux mains.

Il bavait comme une limace.

Le Major, un peu ému lui aussi, releva son rival.

— Tu me détestes toujours? lui demanda-t-il doucement.

— Tu es mon maître! dit Fromental en élevant ses deux mains renversées en forme de coupe sur le sommet de son crâne et en se prosternant, ce qui est un signe certain de vénération chez les Hindous.

— Tu as été aux Indes? demanda le Major à la vue de cette curieuse opération.

— Oui, répondit Fromental... Très jeune.

Le Major sentit son cœur gonflé d'amour pour ce voyageur lointain qui avait avec lui tant de goûts en commun.

— J'aime aussi tes vers, lui dit-il. Soyons des frères au lieu d'être des rivaux.

Il avait trouvé ça dans l'*Almanach Vermot*.

Fromental se releva et les deux hommes se baisèrent au front en signe d'affection.

Puis ils quittèrent le Milk-bar en fermant soigneusement la porte car il ne restait personne de vivant dans la salle. Le Major remit la clef, en passant, à la vendeuse de l'extérieur (celle qui débite des sandwiches), sourde de naissance et qui n'avait pas souffert.

Vers la fin de la soirée, le Major rampait lentement dans la direction de la porte de Miqueut.

Suivant ses instructions, Vidal et Emmanuel avaient coupé les fils du téléphone, lui assurant une assez longue période de tranquillité. Aussi, depuis une demi-heure, Miqueut n'avait pas bougé.

Le Major atteignit l'huis, se dressa, frappa et entra dans le temps d'un clin d'œil.

— J'aurais quelque chose à vous demander, monsieur, dit-il.

— Entrez donc, monsieur Loustalot. Justement, le téléphone me laisse à peu près tranquille.

— C'est à propos de la réunion de ce matin, dit le Major en étouffant un hoquet de joie à cette remarque.

— Ah! oui... Au fait, je dois vous féliciter, cette réunion, en somme, était assez bien préparée...

— En un mot, dit le Major, je vous ai sauvé la mise.

— Monsieur Loustalot, je vous rappelle que, n'est-ce pas, en principe vous êtes tenu à une certaine déférence vis-à-vis de...

— Oui, coupa le Major, mais enfin, sans moi, vous étiez dans le bain.

— C'est vrai, avoua, maté, son interlocuteur.

— Il n'y a aucun doute, renchérit le Major.

Miqueut ne répondit pas.

— Ma récompense! rugit le Major.

— Que voulez-vous dire? Une augmentation? Vous l'aurez, naturellement, mon cher Loustalot, à la fin de vos trois mois d'essai... je m'arrangerai pour qu'il vous soit donné satisfaction, n'est-ce pas, dans la mesure des moyens du Consortium qui sont réduits...

— Ce n'est pas cela! dit le Major. Je veux la main de votre nièce.

— ?... ?... ?...

— Oui, je l'aime, elle m'aime, elle me veut, je la veux, nous nous marions.

— Vous vous mariez? dit Miqueut. Ils se marient... ajouta-t-il à voix haute, ébahi. Mais qu'ai-je à voir dans tout cela?

— Vous êtes son tuteur, dit le Major.

— C'est exact, en principe, convint l'autre, mais, n'est-ce pas, euh... en somme, il me semble que vous allez un peu vite... Pour votre travail, cela ne va pas être commode... Cela va vous prendre... au moins vingt-quatre heures d'absence... et avec la masse de choses que nous avons en ce moment..., il faudrait que vous vous arrangiez pour que tout soit terminé en une matinée... ou un après-midi... Un samedi après-midi serait parfait, n'est-ce pas, car, en somme, de cette manière, vous ne seriez pas forcé d'interrompre votre travail...

— Bien entendu, approuva le Major, qui ne comptait pas remettre les pieds au C.N.U. après son mariage.

— Mais, en somme, ma nièce resterait ici comme secrétaire, n'est-ce pas? dit Miqueut avec un sourire engageant. Ou alors, j'entrevois une autre solution... elle resterait chez vous, et pour se distraire — bien entendu, sans être payée, puisqu'elle ne ferait plus

156

partie de la maison, elle pourrait taper vos documents, sans quitter, en somme... son foyer... Hin..., Hin... et cela l'occuperait...

— Ce serait très économique, dit le Major.

— Eh bien, écoutez, tout à fait d'accord... Vous pouvez marcher comme ça... Je vous donne carte blanche.

— Merci, monsieur, dit Loustalot en quittant la pièce.

— Alors, à demain, mon brave Loustalot, termina Miqueut en lui tendant une main moite.

CHAPITRE X

Les fiançailles furent annoncées quelques jours après par le baron à ses adjoints. Miqueut prévint avant les autres Vidal et Pigeon car il devait leur transmettre l'invitation de Zizanie à la petite réunion organisée à cette occasion.

Il convoqua donc Vidal dans son bureau et lui dit :

— Mon cher Vidal, je vous signale que... euh... sur la demande de ma nièce... nous... la famille serait heureuse de vous avoir à partir de sept heures du soir aux fiançailles...

— Mais Loustalot m'avait déjà dit de venir à quatre heures.

— Oui, en principe, cela commencera à quatre heures, mais, personnellement, je ne pense pas que l'on s'amuse avant sept heures... Vous savez que ces sortes de fêtes sont... euh... ne sont pas, en somme, très intéressantes... Enfin, je vous conseille de ne pas y aller trop tôt... et puis, pour votre travail, cela pourrait vous gêner...

— C'est un point de vue qu'il faut certes envisager, dit Vidal. Si vous le voulez bien, j'irai à cinq heures et je suggérerai au Consortium de retenir une heure et quart de travail sur mes appointements mensuels.

— Dans ces conditions, dit Miqueut, je crois que ce serait parfait, évidemment... Vous en serez quitte pour récupérer le temps perdu un samedi après-midi...

— Mais, naturellement, dit Vidal, et, bien entendu, il sera tout à fait inutile de me payer les heures supplémentaires... En somme, nous ne sommes pas payés à l'heure.

— Vous avez parfaitement raison. Nous devons être des apôtres. Vous n'avez rien à me montrer d'urgent? Vos réunions? Ça marche?

— Oui, dit Vidal, ça marche.

— Eh bien, alors, je vous remercie.

Miqueut resté seul appela Pigeon par l'appareil intérieur, qui était réparé.

Emmanuel parut.

— Asseyez-vous, mon cher, dit Miqueut. Voyons... euh... J'ai diverses choses à vous dire. Tout d'abord, je vous signale que ma nièce vous prie d'assister à la cérémonie de ses fiançailles, à sept heures mercredi prochain, chez elle. Vous n'avez qu'à vous entendre avec Vidal qui doit y aller aussi.

— Loustalot m'avait parlé de quatre heures... dit Pigeon.

— Oui, mais, n'est-ce pas, nous avons le projet

158

de Nothon des pots à roudoudou métalliques à mettre au point d'ici-là. Est-ce que vous en aurez le temps?

— Je pense, dit Emmanuel. Au besoin, je pourrai venir plus tôt.

— Ce serait une excellente solution. D'ailleurs, en principe, rien ne vous empêche, quand vous avez beaucoup de travail, d'arriver plus tôt tous les jours... N'est-ce pas, nous avons une sorte d'apostolat à exercer, et pour peu que l'on établisse un jour, ce que je souhaite, un livre d'or des bienfaiteurs, en somme, de notre grand Consortium, il faut envisager d'y inclure la biographie de tous ceux qui, n'est-ce pas, auront, comme vous me proposiez à l'instant de le faire, sacrifié leurs plaisirs à l'autel de l'Unification. Ce n'est d'ailleurs pas une simple supposition et ce serait tout à fait intéressant. D'ailleurs, je me propose d'en parler au Délégué prochainement. En tout cas, votre proposition de faire des heures supplémentaires me fait plaisir, car elle me prouve que vous prenez votre travail à cœur. Et à ce propos, j'ai une bonne nouvelle à vous annoncer. Vous vous rappelez ce que je vous ai dit il y a quelques mois : je vous ferai une situation au C.N.U. Eh bien, à force d'intercéder auprès du Directeur Général, j'ai obtenu pour vous une augmentation qui prendra effet à partir de ce mois.

— Vautravers a bien travaillé, pensa Emmanuel, et tout haut, il dit :

— Je vous remercie, monsieur.

— N'est-ce pas, en ce moment, dit Miqueut, avec les difficultés actuelles, je pense que deux cents francs par mois, ce n'est pas à dédaigner...

Pigeon, délivré peu après, se mit à arpenter les

couloirs en proie à une rage impuissante. Il entra brusquement chez Levadoux et Léger.

Stupeur : Levadoux était là. Et de Léger, point.

— Pas dévissé? demanda Emmanuel.

— Impossible. Ce crétin de Léger vient de me téléphoner qu'il ne pourra pas venir tantôt.

— Pourquoi?

— Il est en plein jiu-jitsu avec le caissier des usines Léger Père. Ce salaud-là s'est, paraît-il, approprié deux décimètres carrés de caoutchouc d'avant-guerre avec lequel Victor obturait ses cages à fourmis.

— Quel motif?

— Ressemeler ses chaussures! dit Levadoux. Avec du caoutchouc, alors qu'il y a du bois partout. On n'a pas idée!

— Mais pourquoi protestez-vous comme ça?

— Alors, quoi! Un jour où Miqueut dévisse à quatre heures, ainsi qu'en témoignent mon bloc et mon espion, et où j'ai donné rendez-vous à trois heures et quart à... ma petite sœur! Si au moins Léger était là pour répondre que je viens de sortir de mon bureau...

Pigeon sortit en riant aux éclats et s'éloigna dans le couloir.

Bien loin de là, Léger se roulait dans la sciure avec un vieil homme à barbiche dont il mordait sauvagement l'omoplate droite.

Et Levadoux assurait la permanence.

Le jour des fiançailles, Pigeon et Vidal firent leur apparition au bureau vers deux heures et demie de l'après-midi, beaux comme des astres.

Pigeon portait un complet clair d'une séduisante nuance bleu-gris et des chaussures jaunes criblées de trous sur le dessus et de semelles sur le dessous. Il avait une chemise blanche immaculée et une cravate à larges bandes obliques bleu ciel et gris perle.

Vidal avait mis son complet zazou bleu marine et un petit col haut qui lui donnait sans cesse l'impression pénible d'avoir, par inadvertance, enfilé sa tête dans un tuyau trop étroit.

Les dactylos faillirent s'évanouir en les voyant et Victor dut s'occuper de leur tripoter un peu le thorax pour rétablir une respiration normale, vu que son père avait été colonel de sapeurs-pompiers, qui sont des hommes compétents. Quand il eut terminé ses bons offices, il était rose carthame et sa moustache se tenait toute raide.

Vidal et Emmanuel firent semblant de travailler pendant une heure et se retrouvèrent dans le couloir, prêts à partir.

En s'en allant, ils croisèrent Vincent qui portait par hasard son complet des dimanches, taillé dans un vieux sac à charbon de bois, et dont il avait, temporairement et pour ne pas l'abîmer, remplacé la veste par un ancien filtre pour gazogènes en coton premier choix percé de trous à l'endroit des manches. Il poussait son petit bide en avant, comme d'habitude. Il avait des cheveux châtains et très clairsemés et par un louable souci d'harmonie laissait peu à peu la peau de son crâne acquérir la même couleur. Pour s'occuper pendant les longues soirées d'hiver, il faisait fleurir sur son visage une profusion de croûtes vertes dont le contact agaçait agréablement ses ongles noirs. Il s'arrangeait pour dessiner sur son visage, en se grattant habilement, une carte d'Europe qu'il tenait soigneusement à jour.

Vidal et Emmanuel lui serrèrent prudemment la main et quittèrent promptement l'immeuble.

Zizanie vivait dans un bel appartement, chaperonnée par une vieille parente sans fortune qui lui tenait lieu de gouvernante.

Elle avait beaucoup d'argent et de cousins éloignés et âgés. Tout ce monde s'était rendu à son invitation avec empressement. Il y avait aussi là les fruits de la branche de Miqueut, en tout un nombre respectable de ces individualités imprécises que la jeunesse englobe d'ordinaire sous le terme générique de « parents ».

Les réceptions « à parents » sont, du point de vue des jeunes, ratées d'avance. Celle de Zizanie ne faillit point à la règle.

Les mères, partant du principe que la jeunesse « danse d'une façon si amusante », ne perdaient pas leurs filles de vue et entouraient le groupe des jeunes d'un mur quasi infranchissable. Quelques couples hardis, des amis personnels de Zizanie (probablement orphelins) se risquèrent à ébaucher quelques pas d'un swing de seconde zone. Ils durent s'arrêter aussitôt car le cercle des têtes de parents se rétrécit de telle façon qu'ils ne durent leur salut qu'à un dégagement énergique à grands coups de pieds. Découragés, ils se replièrent vers le pick-up; le buffet, inabordable, était assiégé par une foule compacte de « gens sérieux » en complets sombres qui engouffraient avec voracité les provisions rassemblées par Zizanie et regardaient d'un œil sévère les jeunes gens assez mal élevés pour oser s'approprier un petit gâteau. Un malheureux zazou réussissait-il à dénicher une coupe de champagne? Il était aussitôt orienté, grâce à de savants mouvements des vieilles académies, vers une rombière dégoûtante et pleine de peinture qui lui prenait le verre des mains et lui octroyait en échange un gluant sourire. A peine les assiettes de petits fours arrivaient-elles au jour qu'elles étaient réduites à merci par les cousins en redingote qui sont des éléments extraordinairement dangereux. Peu à peu, les « parents » se gonflaient et les jeunes, tassés, rabattus, brimés, coincés, refoulés au néant se voyaient perdus dans les angles les plus reculés.

Un ami du Major, le jeune Dumolard, réussit à pénétrer dans un petit salon qui se trouvait être vide. Il se mit, inconscient et ravi, à swinguer gracieusement avec une petite fille à jupe courte. Deux autres couples parvinrent à les rejoindre sans attirer l'attention. Ils pensaient tous avoir trouvé le repos, mais la tête inquiète de la mère d'une des danseuses ne tarda pas à se montrer. Cinq secondes après, les fauteuils du petit salon craquèrent sous le poids de femmes aux regards avides dont le sourire d'attendrissement fit avorter en un boston piteux la valse swing dont les accords résonnaient dans le salon voisin.

Antioche, habillé de noir (il avait prévu le coup) s'avançait de temps à autre vers le buffet — de trois quarts, pour tromper sur son âge — et réussissait ainsi à se procurer quelques matières alimentaires, juste de quoi ne pas mourir sur place. Vidal, grâce à son complet bleu marine, se défendait aussi, mais Emmanuel et les zazous étaient noyés sans rémission.

Zizanie, enfouie dans un groupe de rombières qui la lardaient de venimeux compliments, lâchait pied peu à peu.

Quant à Miqueut, il s'était glissé derrière le buffet, du côté des maîtres d'hôtel, pour surveiller sans doute. Sa mâchoire de lapin travaillait sans arrêt. Il portait de temps en temps sa main à sa poche puis à sa bouche et faisait comme s'il toussait, puis sa mâchoire repartait de plus belle. De cette façon, il puisait moins souvent au buffet. Il lui suffisait de remplir sa poche toutes les heures. Il ne s'intéressait pas beaucoup à l'assemblée : le commissaire n'était pas là. Et personne à qui demander un projet de Nothon.

Et le Major était seul dans un coin.

Le Major se rendait compte de tout.

Le Major souffrait.

Emmanuel, Vidal et Antioche souffraient de voir souffrir le Major.

Et la fête continuait au milieu des corbeilles de lys et de pernamboucles du Gabon dont le Major avait empli les pièces.

Et les petits zazous et les petites zazoutes disparaissaient peu à peu dans les trous de souris, car les gens sérieux avaient faim.

Et les maîtres d'hôtel charriaient des caisses de champagne par dizaines, mais le champagne semblait s'évaporer avant de parvenir aux amis de Zizanie, qui se rétrécissaient comme des légumes déshydratés.

Alors, le Major fit à Antioche un signe cabalistique. Antioche parla à voix basse à Vidal et à Pigeon et les quatre hommes disparurent dans la direction de la salle de bains.

Emmanuel resta dehors pour faire le guet.

Il était dix-sept heures cinquante-deux.

CHAPITRE XII

Miqueut, plein comme une outre, et l'air plus tatillon que d'habitude si c'est possible, s'empara de son foulard de rayonne blanche, de son manteau noir et de son chapeau noir, à dix-sept heures cinquante-trois. Il saisit sa serviette et s'éclipsa à l'anglaise. Il allait au C.N.U. abandonnant sa femme sur place et continuant à mâcher de petits morceaux de gâteau.

A dix-sept heures cinquante-neuf, Emmanuel, appelé par une voix mâle, pénétra dans la salle de bains. Il en ressortit à dix-huit heures cinq et se mit en devoir de fermer discrètement les portes extérieures de l'appartement.

A dix-huit heures onze, le Major en personne ressortit de la salle de bains et y revint quelques secondes plus tard suivi de six zazous de forte taille.

Ceux-ci ressortirent à leur tour à dix-huit heures treize et se mirent à noyauter l'assistance suivant les règles de l'art.

Le Major mit Zizanie en sûreté en l'enfermant dans les cabinets.

A dix-huit heures vingt-deux, l'action fut déclenchée.

Le préposé au pick-up arrêta l'appareil et cacha les disques sous le meuble.

Et six zazous, ayant retiré leur veste et relevé leurs manches au-dessus du coude, munis chacun d'une solide chaise de cuisine en hêtre massif, s'avancèrent, sur une seule ligne, vers le buffet. Au commandement du Major, les six chaises s'abattirent avec un bruit mat sur le premier rang des hommes en redingote qui n'avaient voulu voir en ces préparatifs rapides qu'un divertissement ridicule de la jeunesse.

Trois hommes tombèrent, assommés. Un barbichu à chaîne d'or se mit à glousser comme une chèvre et fut incontinent fait prisonnier. Deux autres se relevèrent et se ruèrent, en déroute, vers les maîtres d'hôtel.

Le second rang fut intégralement fauché par les coups mieux ajustés des chaises.

Les zazous auxiliaires ne restaient pas inactifs. S'emparant des rombières, ils les emmenaient à la cuisine, et, les retournant cul par-dessus tête, saupoudraient de poivre de Cayenne leurs replis barbus, au grand dam des araignées.

La déroute complète des redingotes ne fut qu'une

question de minutes. Il n'y eut aucune tentative de résistance. Les prisonniers, passés à la tondeuse, furent précipités dans l'escalier, la figure enduite de cirage noir. Les femelles fuyaient à toutes jambes, cherchant un seau d'eau froide où s'asseoir.

Les morts, peu nombreux, tinrent à l'aise dans la poubelle.

Alors, le Major alla chercher Zizanie. Debout au milieu du champ de bataille en désordre, un bras passé autour des épaules de sa compagne, il harangua ses vaillantes troupes.

— Mes amis! dit-il. Nous avons livré un dur combat. Nous l'avons gagné. Ainsi périssent les embesteurs. Mais pas de phrases. A l'action. Nous ne pouvons pas rester ici, c'est trop chambardé. Rassemblez toutes les victuailles, et en route pour une surprise-party.

— Venez chez mon oncle! proposa une jolie fille brune. Il n'est pas là. Il n'y a que les domestiques.

— Il est en voyage? interrogea le Major.

— Dans la poubelle! répondit la fille. Et ma tante ne rentre de Bordeaux que demain soir.

— Parfait. Allons, messieurs, à l'ouvrage. Deux hommes pour le pick-up. Un pour les disques. Dix pour le champagne. Douze filles pour les gâteaux. Le reste, emportez la glace et les bouteilles d'alcool. Je vous donne cinq minutes.

Et cinq minutes après, le dernier zazou quittait l'appartement de Zizanie, pliant sous un énorme morceau de glace qui lui fondait dans le cou.

Antioche ferma la porte à double tour.

Le Major marchait à la tête de ses troupes. A ses côtés, Zizanie. Derrière lui, son état-major (Hi! Hi!).

167

— En route chez l'oncle, hurla-t-il.

Il jeta un dernier regard en arrière et le cortège s'élança hardiment sur le boulevard.

A l'arrière-garde, la glace dégoulinait...

FIN DE LA TROISIÈME PARTIE

QUATRIÈME PARTIE

La passion des Jitterbugs

L'oncle occupait avenue Mozart le deuxième étage d'un luxueux immeuble de pierre de Comblanchien. L'appartement était meublé avec goût de bibelots exotiques rapportés d'une lointaine expédition au cœur de la savane mongole. Des tapis mérovingiens de haute laine que l'on fauchait à la mi-août (comme les chats) amortissaient les réactions du nerveux plancher de chêne repoussé. Tout concourait à faire de l'ensemble un home douillet et confortable.

En voyant arriver la formation du Major, la concierge se retrancha dans sa loge. La nièce, Odilonne Duveau puisqu'il faut l'appeler par son nom, pénétra audacieusement dans ce nid de résistance et entama des pourparlers incisifs avec l'occupante. Un billet de cinq zwenzigues glissé à propos vint adoucir les angles de l'entretien, qui se conclut par un défilé imposant dans l'escalier de pierre garni d'une moquette épaisse.

La caravane stoppa devant l'huis du tonton d'Odilonne et cette dernière introduisit dans la serrure, qui s'offrait toute, la tige phalloïde d'une clef de bronze

169

d'aluminium. Par l'action tantôt alternative, tantôt combinée de ressorts et de pressions antagonistes, le pêne se mit à jouer dans le sens voulu le grand air d'Aïda. La porte s'ouvrit. Le cortège s'ébranla derechef et le dernier zazou, qui ne portait plus rien vu la fonte de la glace, referma soigneusement le battant à double tour.

Antioche donna quelques ordres rapides et l'influence de son génie organisateur aboutit, en six minutes environ, à la mise en place de tout le matériel.

On trouva par surcroît dans les réserves de l'oncle des caisses de cognac dont la découverte plongea le Major dans un ravissement sans bornes. Les soixante-douze bouteilles furent jointes aux autres provisions apportées de chez Zizanie.

La foule anonyme des zazous s'affaira dans les salons, roulant les tapis, déplaçant les meubles, vidant les boîtes de cigarettes dans des poches plus idoines, préparant la danse.

Le Major réunit sa fiancée, Antioche, Vidal et Pigeon pour un conseil de guerre urgent.

— La première partie de notre tâche est réalisée. Il nous reste à donner à cette manifestation l'éclat grandiose qu'elle ne doit pas manquer d'avoir. Que proposez-vous?

— Téléphonons à Levadoux de venir nous rejoindre... suggéra Emmanuel.

— Essayons! dit Vidal.

— Cela est accessoire, coupa le Major. Toi, Vidal, téléphone plutôt au Hot-Club pour avoir un orchestre. Ça fera plus de bruit que le pick-up...

— Inutile! dit Vidal. Claude Abadie s'impose.

Il s'empara de l'appareil et composa le numéro bien connu : Molyneux, trantuizérotroi.

Pendant ce temps, le Major poursuivait sa conférence.

— Pour que ça marche, il faut deux choses :

« 1° les faire manger, pour qu'ils ne soient pas malades après avoir bu;

« 2° les faire boire, pour qu'ils soient gais.

— Je vais m'occuper de les faire manger, dit Zizanie.

« Quelques filles de bonne volonté, cria-t-elle en s'éloignant vers la cuisine, bientôt suivie du nombre d'aides voulu.

— Abadie arrive, annonça Vidal. Gruyer passe chez moi et m'apporte ma trompinette.

— Bien, dit le Major. Téléphonons à Levadoux.

— Un peu tard, remarqua Vidal.

Dix-huit heures quarante sonnaient au coucou préhistorique.

— On ne sait jamais, dit Emmanuel. Essayons.

Par chance, la standardiste du Consortium, retardée par Miqueut, était encore là.

— M. Levadoux est parti, dit-elle. Donnez-moi votre numéro... S'il revenait cette nuit, il vous rappellerait.

Elle rit elle-même de cette délicieuse plaisanterie.

Emmanuel lui donna son numéro, et elle l'inscrivit en regard de son nom sur un bout de papier.

— Si je le rencontre en m'en allant, je lui dirai de vous rappeler, promit-elle. Voulez-vous que je vous passe M. Miqueut?

— Merci, sans façons, dit Emmanuel, qui raccrocha précipitamment.

171

Il n'y avait aucune chance pour que Levadoux revînt à son bureau ce soir-là, aussi la standardiste le croisa dans l'escalier comme il remontait chercher ses gants, oubliés sur son bureau au moment de son départ pour le Cépéha.

Elle l'informa de la communication reçue et Levadoux sonna chez l'oncle d'Odilonne une demi-heure après.

Appliquées strictement, les consignes du Major donnaient déjà de bons résultats. Des zazoutes circulaient, chargées de lourds plateaux formant la base de pyramidales (ou pyramygdales, comme disent les oto-rhino-laryngologistes) piles de sandwiches au jambon. D'autres disposaient sur les meubles des assiettes de gâteaux à la crème et le Major composait, derrière une nappe immaculée, un Monkey's Gland au poivre rouge, son breuvage favori.

A un clou du plafond de l'office pendait, décharné, l'os du jambon. Cinq mâles (visiblement) dansaient, autour, une danse farouche. Les coups sourds des poings de la cuisinière Berthe Planche, enfermée dans un placard, scandaient la ronde sauvage. Comme elle se mettait à contretemps, ils la libérèrent et la violèrent, tous les cinq, deux par deux. Puis la remirent dans le placard, mais cette fois, sur la planche du bas.

Et se fit à la porte d'entrée le Grand Remue-Ménage de l'orchestre Abadie, au bruit duquel Zizanie se précipita.

CHAPITRE II

— Où est D'Haudyt? demanda Vidal, après la porte ouverte.

— Il est juste un petit peu tombé dans l'escalier avec sa batterie! répondit Abadie, toujours au courant des moindres fausses notes.

— Attendons-le.

Et l'orchestre au complet fit son entrée, applaudi par la foule immense de ses admirateurs.

— On ne peut pas jouer dans le salon avec le piano dans la bibliothèque, remarqua astucieusement Abadie qui, décidément, n'avait pas perdu son temps à Polytechnique. Allez, les gars, transportez le piano, commanda-t-il à quatre zazous désœuvrés qui bayaient aux cornemuses dans un coin.

Brûlant de se rendre utiles, ils se ruèrent sur le piano, un Pleyel à queue et demie qui pesait sept cents kilos, pianiste compris.

La porte se révéla trop étroite et le piano regimba.

— Retournez! commanda Antioche, qui avait de bonnes notions de balistique. Il passera par la tranche.

Au cours de l'opération, le piano ne perdit que son couvercle, deux pieds, et dix-sept petits morceaux de marqueterie dont on put caser huit à la fin du transport.

Il parvenait à destination lorsque Abadie s'en approcha de nouveau.

— Après tout, dit-il, je crois qu'on serait mieux

173

pour jouer dans la bibliothèque. L'acoustique, comme nous disons à Carva, est plus adéquate.

L'instrument gisant encore sur le côté, la suite du travail fut très simple. On remplaça les pieds brisés par des piles de gros livres prélevés sur la collection de l'oncle. L'ensemble tenait bien.

— Les gars, je crois qu'on peut jouer, maintenant, dit Claude. Accordez-vous.

— Venez vous rafraîchir un peu avant de jouer! proposa le Major.

— C'est pas de refus! acquiesça le chef.

Pendant que ses collègues buvaient, Gruyer, l'œil lubrique derrière ses lunettes et la tignasse en bataille, reprenait contact avec une étudiante en médecine qu'il connaissait plus ou moins. Son nez frémissait et sa braguette devenait enveloppante.

La voix de son chef l'arrêta sur la pente savonnée du vice et le vacarme s'organisa.

En dix minutes, le Major venait de déverser dans les gosiers arides une centaine de litres de breuvages incendiaires.

Peter Gna, le fameux romantique, fut des premiers à profiter de cette intarissable source. Après quatre verres à orangeade remplis de fine à ras bord, il commençait à se sentir en train. Il fit quelques tours dans la salle, narines dilatées, puis disparut derrière le rideau d'une fenêtre et s'installa commodément sur le balcon.

Abadie jouait son grand succès : *On est sur les roses*. La joie des zazous était à son comble. Leurs jambes se tortillaient comme des ocarinas fourchus pendant que les semelles de bois scandaient avec force ce rythme quadritemporel qui est l'âme même de la musique nègre comme dirait André Cœuroy qui s'y connaît en musique à peu près comme le douanier Rousseau en histoire. Les beuglements sournois du trombone donnaient aux ébats des danseurs un caractère quasi sexuel et paraissaient issir du gosier d'un taureau égrillard. Les pubis se frottaient vigoureusement, afin, sans doute, d'user ces projections pileuses, gênantes pour se gratter et susceptibles de retenir des parcelles d'aliments, ce qui est sale. Plein de grâce, Abadie se tenait à la tête de ses hommes et lançait un piaulement agressif toutes les onze mesures, pour faire la syncope. L'atmosphère se prêtant particulièrement aux déchaînements de la cadence, les musiciens donnaient le meilleur d'eux-mêmes et arrivaient à peu près à jouer comme des nègres de trente-septième ordre. Un chorus suivait l'autre et ils ne se ressemblaient pas.

On sonna à la porte. C'était un gendarme. Il se plaignait d'avoir reçu sur la tête un cache-pot en bronze de quarante-deux kilos et des virgules. Renseignements pris, c'était un envoi de Peter Gna qui commençait à se réveiller sur son balcon.

— C'est dégoûtant! maugréait le gendarme. Un cache-pot de l'époque Ming! quel vandale!

Sa fracture du crâne le gênait un peu pour danser, aussi ne resta-t-il pas longtemps. On lui offrit du cognac qu'il but avec satisfaction, puis il essuya sa moustache et tomba raide mort dans l'escalier.

Abadie jouait maintenant *Les Bigoudis*, de Guère Souigne, autre vieux succès. Ce que voyant le Major, il se versa deux verres de fine.

— A ta santé, Major! dit-il aimablement et choquant les verres l'un contre l'autre, il but le second d'abord, par politesse, puis le premier. Ensuite de quoi, dans le dessein de contrôler la bonne marche des opérations, il s'éloigna dans les couloirs...

Sur la grande table de la salle à manger, il aperçut un derrière velu prolongé par deux jambes noueuses, qui s'agitait au-dessus de deux jambes plus fines, imberbes et recouvertes d'un enduit brunâtre (Perte de Créole, de Rambaud Binet). Comme il faisait assez sombre il ne comprit pas.

— Restez couverte! dit-il cependant avec amabilité, car il voyait que la jeune fille s'apprêtait à se dégager.

Il regagna discrètement le couloir.

Son oreille exercée remarquait depuis quelques instants une considérable diminution de l'intensité de la musique. Seul le départ de Gruyer pouvait avoir un tel effet. Enrichi d'une prudence d'origine expérimentale, c'est avec précaution qu'il poussa la porte de la pièce suivante.

Il entrevit, dans la pénombre des rideaux tirés, une ombre à la tignasse frisée et aux lunettes miroitantes qu'il identifia sur-le-champ. Une ombre plus claire et convenablement potelée gisait sur un proche divan, débarrassée du superflu. Un juron, qui attendait depuis longtemps, salua l'apparition du Major et quitta la pièce avec lui, refermant soigneusement la porte.

Le Major repartit à l'aventure.

Croisant Lhuttaire, le clarrinnettisstte à vibrrrattto, qui revenait de s'enfiler un pichet, il le renseigna à voix basse sur l'intérêt d'une visite périodique à l'antre de Gruyer, qui, sous peu, la première émotion dissipée, ne manquerait pas de passer à l'action. Lhuttaire acquiesça aussitôt.

Pour terminer, le Major alla contrôler la salle de bains qu'il savait par expérience être un lieu assez fréquenté en temps de surprise-party. Il n'y resta pas longtemps. La présence d'un homme tout habillé dans une baignoire d'eau glacée, avec un chien, suffisait d'ordinaire à le démoraliser.

Or, la sonnerie du téléphone entrit en mouvement, frappit ses chaînes d'osselets et mit en vibration les tas de petits trucs qu'on a dans les oreilles et par suite il l'entendit comme il traversait le hall pour regagner le lieu des danses.

CHAPITRE III

— Allô? M. Loustalot?

— Bonsoir, M. Miqueut, dit le Major, reconnaissant l'organe harmonieux de son chef.

— Bonsoir, M. Loustalot. Vous allez bien? Pourriez-vous, n'est-ce pas... me passer M. Pigeon?

— Je vais voir s'il est là! dit le Major.

Pigeon était déjà derrière lui.

Il fit au Major des signes d'énergique dénégation.

Le Major attendit une minute, puis :

— Je ne le trouve pas, monsieur, dit-il. Vous avez dû avoir du mal à obtenir notre numéro... poursuivit-il, s'avisant soudain de l'anomalie que constituait..., etc.

— Mais... euh... en somme, n'est-ce pas... j'ai trouvé votre numéro au standard, où Mme Legeai l'avait inscrit sur un papier. C'est très ennuyeux... J'aurais eu besoin de Pigeon pour discuter une affaire urgente.

— Est-ce qu'il n'est pas un peu tard? dit le Major.

— Euh... évidemment, mais en somme... puisqu'il est là, n'est-ce pas. Eh bien, je vous rappellerai dans une demi-heure. A tout à l'heure, mon brave Loustalot.

Le Major raccrocha. Pigeon était atterré.

— Vous auriez dû dire que je n'étais pas là, mon vieux...

— Aucune importance, dit le Major. Je vais enclouer le téléphone.

Il saisit l'appareil et le projeta vigoureusement sur le plancher. Du bout du pied, Pigeon poussa les cinq morceaux sous un meuble.

La sonnerie retentit derechef.

— Nom d'Heudzeus! cria le Major. Il n'est pas bien encloué.

— Vous vous trompez, dit Pigeon. C'est la porte d'entrée.

Il ouvrit. Le locataire du dessous, engagé jusqu'à la ceinture dans un lustre en maillechort décoré, venait se plaindre et rapportait le lustre qui paralysait certains de ses mouvements, en même temps qu'un zazou qui jouait à Tarzan au moment de la chute du lustre.

— Ces deux objets vous appartiennent! dit le locataire.

— Mais... dit le Major, ce n'est pas votre lustre?

— Non, dit le locataire, j'ai laissé le mien en bas.

— Ah! bien, dit le Major. Alors c'est notre lustre.

Le Major félicita donc le locataire de cette preuve de probité et lui offrit un verre de cognac.

— Monsieur, dit l'autre, je vous méprise trop, vous et votre bande de zazous, pour accepter de boire en votre compagnie vos boissons frelatées.

— Monsieur, dit le Major, je n'avais nullement l'intention de vous offenser en vous offrant ce verre d'alcool.

— Excusez-moi, dit l'autre en prenant le verre, je l'avais pris pour du jus de raisin. Je n'ai plus l'habitude de voir autant de cognac à la fois.

Il but d'un trait.

— Présentez-moi donc à Mademoiselle! dit-il en désignant au Major une grosse fille qui traversait le hall. Je m'appelle Juste Métivier.

La créature en question ne fit aucune difficulté pour se laisser entraîner par le quadragénaire haletant, qui, au troisième tour, disparut dans le trou laissé béant par la chute du lustre.

Pour éviter cet accident, le Major roula sur l'ouverture un meuble, un peu trop petit, qui disparut à son tour et atterrit avec un bruit mou, puis enfin une armoire lapone d'origine que l'oncle gardait soigneusement dans une glacière et qui épousa exactement la forme du trou.

Il partit chercher Lhuttaire, dont on lui demandait des nouvelles avec une jolie voix et des yeux bleus. Il enrageait bien un peu de ne pouvoir s'occuper à loisir de sa chère fiancée, mais elle dansait de si bon cœur avec Hyanipouletos, le guitariste de Claude, qu'il n'eut pas le courage de la héler.

Dans le couloir, une longue file de garçons attendaient devant la porte de la pièce où s'était retranché Gruyer.

Le premier de la file, armé d'un périscope, scrutait l'intérieur de la pièce par une ouverture découpée à la dynamite dans le panneau supérieur de l'huis. Le Major reconnut Lhuttaire.

Rassuré, il observa. Au commandement, proféré d'une voix énergique par ce dernier, les quatre qui composaient la file se ruèrent en foule à l'intérieur de la chambre.

On entendit le bruit d'une discussion aigre-douce (aigre du côté de Gruyer), la voix gémissante d'une fille qui prétendait, contre toute vraisemblance, avoir sommeil, et les protestations des quatre qui affirmaient n'avoir d'autre but que faire un bridge dans un endroit tranquille. On entrevit un individu frisé, avec des lunettes, et pas de pantalon, dont la chemise se relevait gaiement par-devant. On vit sortir en grommelant les quatre intrus. La porte se referma et le second prit à son tour le périscope.

Le Major harponna Lhuttaire, qui s'était mis à la queue cette fois-ci.

— On te demande! lui dit-il.

— Par où? dit Lhuttaire.

— Par là! dit le Major.

— J'y vais! dit Lhuttaire, et il fila de l'autre côté, entraînant le Major.

Dans la salle de bains, le chien, fatigué, se secouait vigoureusement sur le tapis de caoutchouc. L'homme venait de s'endormir et sa respiration creusait un petit entonnoir dans l'eau qui tiédissait au contact de son corps.

Ils se repeignèrent devant la glace sans le réveiller. Puis ils ouvrirent avec précaution la bonde de la baignoire et laissèrent le dormeur à sec. Ses vêtements fumaient, maintenant, et la vapeur emplissait peu à peu la pièce.

Suivis du chien qui marchait avec quelque difficulté, ils sortirent et cherchèrent aventure en parlant cinéma.

Au détour du couloir, le Major reçut en pleine figure un sandwich à la mayonnaise qui volait joyeusement dans l'atmosphère en sifflant comme un merle.

— ... Hayakawa... que ces choses-là arrivent! conclut-il, arrêté net au milieu d'une tirade sur le cinéma japonais.

Lhuttaire ramassa le sandwich et l'expédia avec brio dans la direction d'où il semblait provenir. Il put constater aussitôt quel merveilleux effet produit la mayonnaise sur de longs cheveux roux.

Le peigne du Major, pas rancunier, aplanit le mélange, et Lhuttaire et lui se précipitèrent sur l'individu à qui le projectile était destiné au départ. Ils bourrèrent de nasardes sauvages cet être punais, et prenant chacun la rousse par un bras, ils furent se payer une demi-heure de jeux innocents dans un recoin confortable.

La venue de la nuit semblait accentuer la frénésie des zazous, gorgés de cognac. Des couples dégouttants de sueur parcouraient des kilomètres au pas de course, se prenant, se lâchant, se projetant, se rattrapant, se pivotant, se dépivotant, jouant à la sauterelle, au canard, à la girafe, à la punaise, à la gerboise, au rat d'égoût, au touche-moi-là, au tiens-bien-ça, au pousse-ton-pied, au lève-ton-train, au grouille-tes-jambes, au viens-plus-près, au va-plus-loin, lâchant des jurons anglais, américains, nègres, hottentots, hot-ce-matin, bulgares, patagons, terrafuégiens, et kohêtera. Ils étaient tous frisés, ils avaient tous des chaussettes blanches et des pantalons serrés du bas, ils fumaient tous des cigarettes blondes. Une morgue hautaine s'étalait sur le visage des plus stupides, comme il se doit, et d'intéressantes réflexions sur le rôle amortisseur des matelas de billets de banque vis-à-vis des coups de pied au chose vinrent au Major tandis qu'il examinait avec intérêt les entrechats combinés d'une douzaine de fanatiques embroussaillés. Pour mettre un peu d'entrain, il déboucha quelques nouvelles bouteilles et se versa une large rasade. Il rinça son œil de verre dans le fond de son verre, et, le regard plus brillant que jamais, s'élança vers une fillette.

Zizanie avait quitté la pièce en compagnie de Hya-nipouletos.

Mais le Major, en plein travail, fut troublé par des coups violents qui retentissaient à la porte.

C'étaient deux nouveaux représentants de l'ordre. Ils venaient de recevoir sur la tête une jardinière en chêne doublée de plomb, de format grand aigle. Le centre de récupération des métaux non ferreux n'était qu'à cinquante mètres et ils protestaient, jugeant que leur travail consistait à garder l'ordre et non à transporter du plomb.

— Vous avez raison! dit le Major. Vous permettez, une minute...

Il se dirigea vers le balcon où Peter Gna, un peu fatigué par son récent effort, se reposait en fumant une cigarette.

Le Major le saisit par le col et la ceinture et le précipita au-dehors. Il lui lança sa canadienne pour lui éviter de prendre froid, et une fille pour lui tenir compagnie, et revint s'occuper de ses nouveaux hôtes.

— Un peu de fine? leur demanda-t-il, par habitude.

— Volontiers, dirent les deux gendarmes, d'une même voix. La voix du devoir.

Après deux bouteilles, ils se sentaient mieux.

— Voulez-vous que je vous présente à des jeunes filles? leur proposa le Major.

— Mille excuses, dit le plus gros, qui avait une moustache rousse, mais, comme on dit, nous sommes peudeurastes par vocation.

— Vous opérez ensemble? demanda le Major.

— Eh ben... pour une fois, on peut bien s'encanailler un... tantinet! dit le plus maigre dont la pomme d'Adam s'agitait comme un rat dans un tuyau de poêle.

Le Major fit signe à deux zazous, élèves du grand Maurice Escande, et les remit entre les mains des gendarmes.

— On vous arrête! dirent ces derniers. Venez qu'on vous passe à tabac...

Ils disparurent dans un placard à balais dont le Major leur fit les honneurs. Les manches à balais sont utiles en cas de panne d'allumage et l'encaustique constitue un bon produit de remplacement.

De plus en plus content du succès de sa surprise-party, le Major fit un raid dans la salle de bains, rapporta une serviette sèche à Hyanipouletos qui venait de réapparaître et dont le pantalon commençait à coller, et partit à la recherche de Pigeon tandis que l'orchestre de Claude Abadie, ayant retrouvé son guitariste, se déchaînait de plus belle.

Il trouva Emmanuel dans une chambre du fond. Il se tordait de rire en voyant trois zazous abominablement ivres qui se soulageaient chacun dans deux chapeaux, un devant et un derrière.

Il ne prêta pas d'attention à ce phénomène assez courant, mais ouvrit la fenêtre à cause de l'odeur, jeta dans la cour intérieure de l'immeuble les zazous et les chapeaux et vint s'asseoir à côté d'Emmanuel qui commençait à tousser tellement il rigolait.

Il lui tapa dans le dos.

— Alors, vieux, ça va comme vous voulez?

— Au poil! dit Emmanuel. Jamais tant marré. Compagnie de très bon goût. Très distingués. Compliments.

— Avez-vous, dit le Major, trouvé chaussure à votre pied?

184

— Je ne fais pas ça avec mon pied, en général, mais je dois vous avouer que j'en ai mis un vieux coup à...

— A? demanda le Major.

— Autant le dire tout de suite, dit Emmanuel. A votre fiancée.

— Vous m'avez fait peur! dit le Major. Je croyais que vous aviez amoché le chien.

— C'est ce que je croyais aussi! dit Emmanuel. Je ne me suis rendu compte qu'après...

— C'est vrai qu'elle est drôlement bâtie! dit le Major. Mais enfin, je suis content qu'elle vous ait plu.

— Vous êtes un type sympa! conclut Pigeon dont l'haleine, à bien y réfléchir, rappelait assez l'atmosphère des établissements Hennessy. (Cognac, Charente.)

— Venez faire un tour, proposa le Major. Je voudrais retrouver Antioche.

— Vous ne savez pas où il est? s'étonna Emmanuel.

— Non...

— Il dort dans la chambre à côté.

— Pas fou, le gars! approuva le Major, admiratif. Il est enfermé à clef, je suppose?

— Oui, dit Emmanuel. Et tout seul, ajouta-t-il avec envie.

— Veinard... murmura le Major. Alors venez faire un tour tout de même. On va le laisser dormir.

Dans le couloir, Lhuttaire les aborda.

— C'est formidable, leur dit-il. Je viens d'aller voir Gruyer. En pleine action. Jusqu'au poignet... Il n'a pas pu retirer sa main assez vite, sans ça il me flanquait une bouteille dans la gueule, mais ce que c'était bath!

— Tu aurais pu nous attendre! dit le Major. Qu'est-ce que tu veux qu'on fasse de drôle maintenant?

— On peut toujours aller boire un coup, dit Lhuttaire.

— Allons-y.

En passant dans le hall, ils s'arrêtèrent car il leur semblait entendre des appels.

Cela venait de la porte d'entrée.

— La voix de Miqueut! murmura le Major... et Emmanuel disparut comme une légère fumée, piqua un sprint terrible dans le couloir et finit par se jucher sur la chasse d'eau des water-closets, bien replié sur lui-même et habilement camouflé au moyen d'un vieux soulier.

Le Major réfléchissait très vite.

Il ouvrit la porte.

— Bonsoir, monsieur Loustalot, dit Miqueut. Vous allez bien?

— Merci, monsieur, dit le Major. Et vous?

— Euh... n'est-ce pas, j'ai en ce moment au bout du fil au Consortium un membre de la Commission des Emballages Perdus et je voulais demander à Pigeon certains renseignements... Alors je suis venu vous déranger... Hin... Hin...

— Va le chercher! dit le Major à Lhuttaire avec un clin d'œil. Venez par là, monsieur, dit-il à Miqueut. Vous serez mieux.

Il y avait entre la salle de bains et le réduit où opéraient toujours les deux gendarmes et les escandulés, un cabinet de débarras qui contenait deux chaises et un sinapisme hors d'usage.

Le Major y conduisit Miqueut.

186

— Vous serez tranquille, ici, lui dit-il.

Il le poussa doucement à l'intérieur.

— Je vous envoie Pigeon tout de suite.

Il ferma la porte à double tour et perdit immédiatement la clef.

CHAPITRE V

A deux heures et demie du matin, la surprise-party battait son plein. Les zazous étaient divisés en deux groupes d'égale importance : ceux qui dansaient et les farfouilleurs. Ces derniers se répartissaient au petit bonheur dans les chambres, sur les lits, sur les divans, dans les armoires, sous les meubles, derrière les meubles, derrière les portes, sous le piano (il y en avait trois), sur les balcons (avec des couvertures), dans les recoins, sous les tapis, sur les armoires, sous les lits, dans les lits, dans les baignoires, dans les porte-parapluies, de-ci de-là, de part et d'autre, en pile indienne, encore ailleurs, un peu partout. Ceux qui dansaient s'étaient rassemblés dans une seule pièce, autour de l'orchestre.

Claude Abadie s'arrêta de jouer vers trois heures. Il allait le lendemain voir le match de ballon ovale des Transporteurs à Gazogène contre les Cheminots d'Intérêt Local, rugby route contre rugby rail, et tenait à dormir un peu.

Vidal lâcha sa trompinette, extirpa son étui de sous les fesses de D'Haudyt, qui y avaient fait deux trous coniques, rechercha Emmanuel, et, ayant baisé au front le Major, rejoignit l'orchestre qui partait. Les zazous remirent le pick-up en marche et dansèrent de plus belle.

Antioche venait de se réveiller et reparut en compagnie du Major.

Dans la salle de bains, l'homme de la baignoire se leva, ouvrit le gaz, tourna le robinet d'eau chaude et se rendormit dans la baignoire, oubliant simplement d'allumer.

Une demi-heure se passa...

Miqueut, dans sa cellule, sentit l'odeur du gaz et sa fin prochaine. Il tira fiévreusement un carnet de sa poche, prit son stylo et se mit à écrire...

« 1° Généralité, *a)* Objet du Nothon. Le présent Nothon a pour objet de définir les conditions dans lesquelles doit expirer un Sous-Ingénieur principal lorsqu'il subit une asphyxie qui lui est imposée par le gaz d'éclairage à basse pression... »

Il rédigeait un pré-Nothon et suivait le plan-Nothon...

Or, la catastrophe se produisit...

Deux zazous passèrent près de la salle de bains. Une querelle, à propos de rien, les divisait. Il y eut un coup de poing sur un œil, une chandelle... un éclair formidable... et l'immeuble sauta...

Le Major, assis sur le pavé de la cour intérieure jonchée de débris, tamponnait son œil gauche avec un morceau de sparadrap.

A ses côtés, Antioche fredonnait un blues.

Ils étaient les seuls survivants du désastre. Tout le pâté de maisons avait sauté, sans déranger personne, car un petit bombardement était en train du côté de Billancourt.

Il restait au Major son chapeau, son slip et son œil de verre. Antioche avait sa cravate. A quelques mètres, le reste de leurs habits brûlait à flamme fuligineuse.

L'air sentait le diable et le cognac. La poussière et les gravats retombaient lentement, en nuages épais.

Antioche, dont le corps, autrefois couvert d'une luxuriante toison, scintillait maintenant, lisse comme une peau de mackintosh, réfléchissait, le menton dans sa main.

Et le Major parla.

— Au fond, dit-il, je me demande si je suis bien fait pour le mariage...

— Je me le demande... dit Antioche.

DU MÊME AUTEUR

Cet ouvrage a été composé
et achevé d'imprimer par l'Imprimerie Floch
à Mayenne le 31 octobre 1991.
Dépôt légal : novembre 1991.
1er dépôt légal dans la même collection : juillet 1973.
Numéro d'imprimeur : 31232.

ISBN 2-07-036374-0 / Imprimé en France.

54170